RÜDIGER MOOG

Die Bildung gegengewichtiger Marktmacht nach dem Gesetz gegen Wettbewerbsbeschränkungen

Schriften zum Wirtschaftsrecht

Band 32

Die Bildung gegengewichtiger Marktmacht nach dem Gesetz gegen Wettbewerbsbeschränkungen

Von

Dr. Rüdiger Moog

DUNCKER & HUMBLOT / BERLIN

Gedruckt 1980 bei Buchdruckerei Bruno Luck, Berlin 65
Printed in Germany
ISBN 3 428 04645 5

Inhaltsverzeichnis

Vorbemerkung

Nachfragemacht und Gegengewichtsbildung 13

Erster Teil

Die Gegengewichtsbildung

A. Gegengewichts- und Nebengewichtsbildung 16

I. Abgrenzung von Gegengewichts- und Nebengewichtsbildung 16

II. Gegengewichtsbildung als ausschließlicher Gegenstand der Untersuchung 18

B. Gegengewichtsbildung als Selbstregulierung der Wirtschaft 19

I. Die These von J. K. Galbraith 19

II. Gegengewichtsbildung als wissenschaftliche Gesetzmäßigkeit 20

III. Originäre Macht und gegengewichtige Macht: Ein System neutralisierter Kräfte? 22

C. Gegengewichtsbildung als Mittel der Ordnungspolitik 23

I. Die Gegengewichtsbildung im Zielsystem ihrer Befürworter 25

1. Ziele, denen eine Gegengewichtsbildung dienen soll 25

a) Gerechtigkeitsziele 26

aa) Vertragsgerechtigkeit 27

bb) Gerechte Einkommensverteilung 27

b) Machtausgleich und Machtkontrolle 28

aa) Abbau und Vermeidung sozialer Spannungen 28

bb) Machtkontrolle 28

c) Selbstregulierung des Marktes statt Interventionismus 29

2. Die Eignung der Gegengewichtsbildung zur Erfüllung der genannten Ziele 30

a) Das Problem der Übermachtsbildung 30
b) Die Rolle des Staates bei der Gegengewichtsbildung 33
c) Einigung zu Lasten Dritter 34
aa) Gründe für eine Einigung zu Lasten Dritter 34
bb) Vor- oder nachgelagerte Wirtschaftsstufen als Betroffene der Einigung zu Lasten Dritter 36
cc) Läßt sich die Belastung Dritter vermeiden? 37
(1) Wettbewerbliche Gegengewichte 37
(2) Öffentliche Meinung 38
(3) Kartellamtsaufsicht 38

II. Die Gegengewichtsbildung im Zielsystem des Wettbewerbs 39

1. Die Auswirkungen der Gegengewichtsbildung auf den Wettbewerb 39
a) Allgemeine horizontale Wirkungen der Gegengewichtsbildung 39
b) Herabsetzung der Wettbewerbsintensität durch kollusives Verhalten zu Lasten von Konkurrenten 40

2. Gegengewichtsbildung und Wettbewerbsziele 42
a) Die Ziele des Wettbewerbs 42
b) Der Einfluß der Gegengewichtsbildung auf die Wettbewerbsziele 44
aa) Gegengewichtsbildung und ökonomische Wettbewerbsziele 44
bb) Gegengewichtsbildung und außerökonomisches Wettbewerbsziel 48

3. Gegengewichtsbildung und „Stufenwettbewerb“ 49

III. Regelungsmöglichkeiten des Spannungsverhältnisses von Wettbewerb und Gegengewichtsbildung 50

1. Gegengewichtsbildung ohne Berücksichtigung des Wettbewerbs 50

2. Gegengewichtsbildung unter Berücksichtigung des Wettbewerbs 52
a) Der neuklassische Ansatz Hoppmanns 52
b) Der funktionsfähige Wettbewerb Kantzenbachs 55
c) Stellungnahme 56

IV. Ergebnis: Gegengewichtsbildung nur in engen Grenzen sinnvoll 58

Zweiter Teil

Gegengewichtsbildung nach dem GWB

A. Möglichkeiten und Grenzen der Gegengewichtsbildung 59

I. Gegengewichtsbildung durch Kooperation 59

1. Möglichkeiten zur Gegengewichtsbildung im Rahmen der Kooperationsvorschriften 60
a) Gegengewichtsbildung durch Mittelstandsempfehlungen (§ 38 II Nr. 1 GWB) 60
aa) Der Gegengewichtsgedanke als Motiv für die Neufassung des § 38 II Nr. 1 GWB 60
bb) Die Auslegung der einzelnen Tatbestandsmerkmale im Hinblick auf den erweiterten Normzweck 61
(1) Verbesserung der Wettbewerbsbedingungen 62
(a) Auf welcher Ebene muß eine Verbesserung der Wettbewerbsbedingungen erfolgen? 62
(b) Was ist unter den zu verbessernden Wettbewerbsbedingungen zu verstehen? 63
(c) Wann liegt eine Verbesserung der Wettbewerbsbedingungen vor? 65
(2) Förderung der Leistungsfähigkeit 66
(3) Abgrenzung von kleinen und mittleren Unternehmen einerseits sowie großbetrieblichen Unternehmensformen andererseits 69
cc) Entscheidende Schwäche einer Gegengewichtsbildung durch Mittelstandsempfehlungen: Die Unverbindlichkeit 72
b) Gegengewichtsbildung durch Mittelstandskartelle (§ 5 b GWB) 73
aa) § 5 b GWB als Mittel zur Gegengewichtsbildung 73
bb) Die Auslegung der einzelnen Tatbestandsmerkmale bei einer Gegengewichtsbildung nach § 5 b GWB 74
(1) Das Tatbestandsmerkmal „kleine und mittlere Unternehmen“ 74
(2) Förderung der Leistungsfähigkeit durch Rationalisierung 78
(3) Keine wesentliche Beschränkung des Wettbewerbs 79
c) Gegengewichtsbildung durch Wettbewerbsregeln (§§ 28 ff. GWB) 81
aa) Der Gegengewichtsgedanke als Motiv für die Neufassung des § 28 II GWB 81
bb) Beispiele der Gegengewichtsbildung durch Wettbewerbsregeln 82
cc) Beurteilung der Gegengewichtsbildung im Rahmen von Wettbewerbsregeln 83
(1) Wettbewerbsregeln gegen Leistungsverzerrungen .. 83
(2) Wettbewerbsregeln als Mittel der Strukturpolitik 85
(3) Wettbewerbsregeln und die Wirksamkeit des Wettbewerbs 87
dd) Zur Durchsetzbarkeit von Wettbewerbsregeln 88

2. Gegengewichtsbildung durch Kooperation: Vernachlässigung des Wettbewerbs durch Überbewertung des Gegengewichtsgedankens? 89

II. Gegengewichtsbildung durch Rationalisierung (§§ 5, 5 a, 38 II Nr. 2 GWB) 90

1. Kollektive Rationalisierung als Abwehrinstrument 90

2. Grenzen einer Gegengewichtsbildung durch Rationalisierung .. 91

a) Der Rationalisierungsbegriff 91
b) Verbesserung der Befriedigung des Bedarfs 92
c) Berücksichtigung der wettbewerblichen Auswirkungen 93

III. Gegengewichtsbildung durch Konditionen- und Rabattregelungen (§§ 2, 38 II Nr. 3, 3 GWB) 94

1. Gegengewichtsbildung durch Konditionenkartelle (§ 2 GWB) bzw. durch Konditionenempfehlungen (§ 38 II Nr. 3 GWB) 94
a) Die rechtspolitische Begründung für die Freistellung von Konditionenkartellen und -empfehlungen 94
b) Möglichkeiten und Grenzen der Gegengewichtsbildung durch Konditionenvereinbarungen 95
aa) Die regelungsfähigen Konditionen 95
bb) Verbot bestimmter Nebenleistungen 97
cc) Nebenleistungen nur gegen Vergütung? 98
dd) Die Behandlung von Eintrittsgeldern und Listungsgebühren 99
c) Konditionenkartelle bzw. -empfehlungen und Wettbewerb 100

2. Gegengewichtsbildung durch Rabattkartelle (§ 3 GWB) 101
a) Diskriminierende Rabattforderungen als Ausprägung von Nachfragemacht 101
b) Gegengewichtsbildung als Zweck des Rabattkartells 102
c) Eignung des Rabattkartells zur Abwehr von Marktmacht 103
d) Rabattkartell und Wettbewerb 104

IV. Gegengewichtsbildung im Außenhandel (§§ 6, 7 GWB) 105

1. Exportkartelle (§ 6 GWB) 105
a) Der Gegengewichtsgedanke in § 6 GWB 106
b) Die überschießende Tendenz in § 6 GWB 106
aa) Fehlender Nachweis eines Machtmißbrauchs 106
bb) Zulässigkeit aggressiver Kartelle 107

2. Importkartelle (§ 7 GWB) 108
a) Der Gegengewichtsgedanke in § 7 GWB 108
b) Die überschießende Tendenz in § 7 GWB 109
aa) Bildung von Übermacht 109
bb) Fehlender Nachweis eines Machtmißbrauchs 110
c) Binnenwirtschaftliche Bedenken 110
aa) Einigung zu Lasten Dritter 110
bb) Gleichförmiges Verhalten der Importeure beim Absatz der Importe 111
cc) Verlust des Nachfragerwettbewerbs 111

3. Gegengewichtsbildung im Außenhandel: Kein Ersatz für eine internationale Wettbewerbsordnung 112

V. Gegengewichtsbildung aus strukturellen bzw. gesamtwirtschaftlichen Gründen (§§ 4, 8 GWB) ... 112

B. Kontrolle von Marktmacht de lege ferenda: Gegenmacht statt Mißbrauchsverfolgung? ... 114

I. Erweiterung der Möglichkeiten zur Gegengewichtsbildung nicht sinnvoll ... 114

II. Alternative Instrumente ... 116

Schrifttumsverzeichnis ... 117

Abkürzungsverzeichnis

a. A.	anderer Ansicht
a.a.O.	am angegebenen Ort
AcP	Archiv für die civilistische Praxis (Band, Seite)
a. F.	alte Fassung
Anm.	Anmerkung
Aufl.	Auflage
AWD	Außenwirtschaftsdienst des Betriebsberaters (Jahr, Seite)
BAnz.	Bundesanzeiger
BB	Betriebs-Berater (Jahr, Seite)
Bd.	Band
BGBl.	Bundesgesetzblatt
BGH	Bundesgerichtshof
BGHZ	Entscheidungen des Bundesgerichtshofs in Zivilsachen (Band, Seite)
BKartA	Bundeskartellamt
BMWi	Bundesminister(ium) für Wirtschaft
BT.-Dr.	Bundestagsdrucksache
bzw.	beziehungsweise
DB	Der Betrieb (Jahr, Seite)
ders.	derselbe
d. h.	das heißt
etc.	et cetera
f.	und folgende Seite
ff.	und fortfolgende Seiten
FIW	Forschungsinstitut der Wirtschaft
FK	Frankfurter Kommentar
Fußn.	Fußnote
gem.	gemäß
GK	Gemeinschaftskommentar
GRUR	Gewerblicher Rechtsschutz und Urheberrecht (Jahr, Seite)
GWB	Gesetz gegen Wettbewerbsbeschränkungen
HdStW	Handwörterbuch der Staatswissenschaften
h. M.	herrschende Meinung
iSv	im Sinne von
Jb.	Jahrbuch
Jg.	Jahrgang
JfNSt	Jahrbücher für Nationalökonomie und Statistik (Band, Seite)

KG	Kammergericht
LG	Landgericht
Lit.	Literatur
MA	Der Markenartikel (Jahr, Seite)
NF	Neue Folge
NJW	Neue Juristische Wochenschrift (Jahr, Seite)
Nr.	Nummer
ORDO	Jahrbuch für die Ordnung der Wirtschaft und der Gesellschaft (Band, Seite)
Rdnr.	Randnummer
S.	Seite
s.	siehe
s. o.	siehe oben
TB	Tätigkeitsbericht des Bundeskartellamts
u. U.	unter Umständen
UWG	Gesetz gegen den unlauteren Wettbewerb
vgl.	vergleiche
WRP	Wettbewerb in Recht und Praxis (Jahr, Seite)
WuW	Wirtschaft und Wettbewerb (Jahr, Seite)
WuW/E	Entscheidungssammlung der WuW
ZfgStW	Zeitschrift für die gesamten Staatswissenschaften (Band, Seite)
ZGR	Zeitschrift für Unternehmens- und Gesellschaftsrecht (Jahr, Seite)
ZHR	Zeitschrift für das gesamte Handels- und Wirtschaftsrecht (Jahr, Seite)
zit.	zitiert
ZRP	Zeitschrift für Rechtspolitik (Jahr, Seite)
Zs.	Zeitschrift

Vorbemerkung: Nachfragemacht und Gegengewichtsbildung

Das Phänomen der Nachfragemacht und deren Mißbrauch ist in den vergangenen Jahren erneut in den Mittelpunkt der wettbewerbspolitischen Diskussion gerückt[1], nachdem es bereits seit Ende der fünfziger Jahre immer wieder erörtert wurde[2].

Wesentlicher Grund für den zunehmend aggressiven Einsatz von Marktmacht nachgelagerter Wirtschaftsstufen ist zum einen die Konzentration im Handel[3], zum anderen die verschlechterte Konjunktursituation seit 1974[4], die angesichts geringerer Wachstumsraten auch zu härteren Verteilungskämpfen zwischen den Wirtschaftsstufen führte.

Der wachsende Einsatz von Nachfragemacht bewirkt — ähnlich wie Angebotsmacht — zweierlei: Zum einen wird die Wettbewerbssituation zwischen dem marktmächtigen Wirtschaftssubjekt und dessen Konkurrenten verfälscht, zum anderen wird die schwächere Marktseite ausgebeutet[5]. Beide Wirkungen beschleunigen den Konzentrationsprozeß in der Wirtschaft[6].

Wegen dieser wettbewerbsgefährdenden Wirkungen der Nachfragemacht haben sich Wissenschaft und Praxis verstärkt diesem Problem

---

1 BKartA, TB 1977, BT-Dr. 8/1925, S. 28 ff.; Angehrn, MA 1974, S. 344 ff.; Arndt, WuW 1972, S. 84 ff.; ders., MA 1973, S. 307 ff.; ders., WuW 1974, S. 462 ff.; ders., MA 1975, S. 6 ff.; ders., Markt und Macht, S. 138 - 149; ders., Wirtschaftliche Macht, S. 86 ff. mit zahlreichen Beispielen des Mißbrauchs von Nachfragemacht; Ewald, BB 1973, S. 1181 ff.; Friesen, DB 1978, Beilage 6; Hain, WRP 1978, S. 112 ff.; Kantzenbach, Nachfragemacht, S. 125 ff.; Kartte, Wettbewerbsverzerrungen, S. 6 f.; Kartte / Irlenkaeuser, Wettbewerbsordnung, S. 17 ff.; Schweizerische Kartellkommission, Heft 1, 1976, S. 57 - 93 mit ebenfalls zahlreichen Beispielen des Mißbrauchs von Nachfragemacht; Mestmäcker, Nachfragemacht, S. 15 ff., Niederleithinger, S. 73 ff., Reimann, WuW 1976, S. 541 ff.; Schenk, WuW 1974, S. 149 ff.; Sölter, Wettbewerbsbegriff, S. 99 f.; ders., WRP 1977, S. 445 ff.; ders., Problem „Nachfragemacht"; ders., MA 1968, S. 342 ff.

2 Fikentscher, WuW 1960, S. 680 ff.; Geisbüsch, Nachfrage, S. 17 ff.; ders., Verhaltensweisen, S. 67 ff.; Mellerowicz, MA 1965, S. 292 ff.; Nester, S. 70 ff.; Schreiber, S. 83 ff.; Sölter, MA 1961, S. 337 ff.; ders., MA 1962, S. 357, 360; ders., Nachfragemacht; ders., Rabattkartell, S. 51 ff.; ders., WuW 1968, S. 317 ff.

3 Reimann, WuW 1976, S. 541, 543; Kartte / Irlenkaeuser, Wettbewerbsordnung, S. 17 f.; Arndt, WuW 1974, S. 462, 463, 465.

4 Kartte, Wettbewerbsverzerrungen, S. 1; Kartte / Irlenkaeuser, Wettbewerbsordnung, S. 18.

5 Kartte, WRP 1976, S. 1,2; Friesen, DB 1978, Beilage 6, S. 6 f.

6 Schweizerische Kartellkommission, S. 83.

zugewandt. Ursachen und Auswirkungen der Nachfragemacht sowie Möglichkeiten ihrer Bekämpfung waren sowohl Beratungsgegenstand des Wettbewerbskongresses 1977[7] als auch Untersuchungsobjekt des 7. Sondergutachtens der Monopolkommission[8]. Auch die Rechtsprechung wurde zunehmend mit dem Problem des Mißbrauchs von Nachfragemacht konfrontiert[9].

Zu den häufigsten Praktiken des Mißbrauchs von Nachfragemacht zählen neben Eintrittsgeldern für die Aufnahme von Geschäftsbeziehungen das Fordern von Regalmieten und Werbekostenzuschüssen, die Verlagerung der Regalpflege und der Preisauszeichnung, das Verlangen von Inventurhilfen und Beteiligungen an Geschäftseinrichtungen sowie das Durchsetzen von Rabattkumulierungen[10].

Der Verhinderung dieser Formen des Machtmißbrauchs durch Nachfrager dienten sowohl die Wettbewerbsregeln des Markenverbandes e. V.[11] als auch das sog. „Sündenregister" des BMWi vom 15. Nov. 1974[12] als auch die „gemeinsame Erklärung von Organisationen der gewerblichen Wirtschaft zur Sicherung des Leistungswettbewerbs" vom Dezember 1975[13].

Trotz der „Selbsthilfe der Wirtschaft" wurde mit dem Ansteigen der bekanntgewordenen Zahl von Fällen des Mißbrauchs von Nachfragemacht zunehmend der Ruf nach neuen Wegen in der Wettbewerbspolitik laut. Neben vielen anderen Vorschlägen gewann auch die Idee an Aktualität, Nachfragemacht durch entsprechende Gegenmacht zu zügeln und damit Mißbrauch zu verhindern[14].

Die Forderung, Gegengewichtskartelle zuzulassen, war bereits in den fünfziger und sechziger Jahren erhoben worden[15], ebenfalls in der

---

7 Bayerisches Staatsministerium für Wirtschaft u. Verkehr, Wettbewerbskongreß 1977, S. 123 - 180.

8 Monopolkommission, Sondergutachten 7.

9 OLG Düsseldorf, WuW/E OLG 1373; OLG Frankfurt, WuW/E OLG 1589; LG München MA 1976, S. 141; BGH Urt. v. 17. 12. 1976 = NJW 1977, S. 1242; LG Saarbrücken, BB 1977, S. 9.

10 Kartte / Irlenkaeuser, Wettbewerbsordnung, S. 19.

11 BKartA, Beschluß vom 10. 5. 1976, abgedruckt in WRP 1976, S. 576.

12 WRP 1975, S. 24 ff.

13 WRP 1976, S. 9 f.

14 Schuhmacher, ZHR 1976, S. 317, 345 ff.; Sölter, WRP 1977, S. 445, 452 ff.; ders., Wettbewerbsbegriff, S. 98 f.

15 Andrae, MA 1962, S. 628, 633 ff.; ders., Machtkonflikt, S. 42 ff. und 60 ff.; ders., Marktmacht, S. 77 ff.; Bartholomeyczik, Gegengewichtsprinzip, S. 48 ff.; ders., AcP 166, S. 30, 68 ff.; Benisch, Grundlagen, S. 112 ff.; Gutersohn, S. 198 ff.; Schreiber, S. 53 - 68; Seraphim, S. 104 ff.; Sölter, DB 1964, S. 1251 ff.; ders., WuW 1968, S. 317, 332 ff.; ders., Nachfragemacht, S. 44; ders., MA 1961, S. 337, 361 ff.; ders., MA 1962, S. 357, 368 f.; ders., Rabattkartell, S. 51 ff.; ders., MA 1968, S. 342, 349 f.; ders., WRP 1972, S. 53, 57; ders., WuW 1974, S. 657, 661.

Regel im Hinblick auf die Bekämpfung von Nachfragemacht. In der Zwischenzeit hat der Gesetzgeber das GWB mehrfach novelliert, u. a. mit der Zielsetzung, kleinen und mittleren Unternehmen eine stärkere Markt- und damit Machtposition zu verleihen[16]. Der Gedanke, daß der Gesetzgeber die Idee der Abwehrbildung gegenüber Marktmacht durch Schaffung von Gegenmarktmacht zumindest in Teilbereichen übernommen hat, liegt nahe.

Damit stellt sich nicht nur erneut die Frage nach Für und Wider einer Gegengewichtsbildung, es ergibt sich vielmehr die Aufgabe, das geltende Recht im Hinblick auf die Möglichkeiten zur Gegengewichtsbildung zu analysieren. Ziel der vorliegenden Arbeit ist es zu untersuchen, inwieweit bereits das geltende Recht die Abwehr von Marktmacht durch Gegengewichte zuläßt, inwieweit dies gegebenenfalls sinnvoll ist und ob es zusätzlicher Regelungen bedarf.

[16] Diese Zielsetzung ergibt sich sowohl aus der Begründung zum Regierungsentwurf zur 2. GWB-Novelle, BT.-Dr. 6/2520, S. 14, 34 als auch aus der Unterrichtung des Ausschusses für Wirtschaft zum (gleichlautenden) Entwurf der SPD/FDP-Fraktionen, BT.-Dr. 7/765, S. 2, 4 und 10 f.

Erster Teil

Die Gegengewichtsbildung

A. Gegengewichts- und Nebengewichtsbildung

I. Abgrenzung von Gegengewichts- und Nebengewichtsbildung

Unter Abwehrbildung im weiteren Sinn soll im folgenden der Prozeß der Bildung wirtschaftlicher Macht als Reaktion auf bereits bestehende Marktmacht bezeichnet werden[1]. Eine Machtbildung als Reaktion auf ein bestehendes wirtschaftliches Machtzentrum kann grundsätzlich in zwei Richtungen erfolgen:

Zum einen kann sich der Zusammenschluß der Machtunterworfenen gegen Konkurrenten, also gegen Mitbewerber, richten. Die Abwehrbildung erfolgt dann mit horizontaler Zielrichtung gegenüber Wirtschaftseinheiten der gleichen Produktions- oder Verbrauchsstufe.

Zum anderen kann sich der Zusammenschluß der Machtunterworfenen gegen Wirtschaftseinheiten der vor- oder nachgelagerten Wirtschaftsstufe richten. Da sich die Abwehrmacht gegen Wirtschaftseinheiten richtet, mit denen Austauschbeziehungen auf der Absatz- oder Beschaffungsseite bestehen, läßt sich von vertikaler Abwehrbildung sprechen.

Terminologisch soll in Übereinstimmung mit Schuhmacher[2] der horizontale Machtausgleich als Nebengewichtsbildung bezeichnet werden, während dann der Begriff der Gegenmacht, Gegenkraft oder auch des Gegengewichts sinnvollerweise ausschließlich der vertikalen Beziehung zwischen Wirtschaftssubjekten vorbehalten ist[3].

Die getroffene Unterscheidung ist deshalb von besonderer Relevanz, weil vertikale und horizontale Abwehrbildung eine unterschiedliche Zielrichtung haben: Da sich im horizontalen Verhältnis Wettbewerber der gleichen Stufe gegenüberstehen, berührt die Forderung

---

1 Zum Phänomen wirtschaftlicher Macht Andrae, Machtkonflikt, S. 31 - 38; Arndt, Wirtschaftliche Macht; ders., Markt und Macht.

2 Schuhmacher, ZHR 1976, S. 317, 322 Anm. 19; entsprechend differenziert auch Säcker, BB 1967, S. 681, 684 und Andrae, Marktmacht, S. 82.

3 Andrae, Marktmacht, S. 82 bezeichnet das vertikale Machtverhältnis als Machtkonflikt, das horizontale Machtverhältnis als Machtkonkurrenz.

nach Bildung horizontaler Abwehrmacht unmittelbar die wettbewerblichen Marktstrukturen. Eine Forcierung solcher Nebengewichtsbildung ist daher im Hinblick auf die Kompatibilität mit der zu verfolgenden Wettbewerbskonzeption zu beurteilen.

Im vertikalen Verhältnis hingegen steht die Austauschbeziehung im Mittelpunkt der Betrachtung, konkret also die Einkommensverteilung zwischen Anbietern und Nachfragern. Hauptziel der gegengewichtigen Machtbalance im vertikalen Verhältnis soll die Sicherung einer gerechten Einkommensverteilung sein[4]. So ist nach Bartholomeyczik die Äquivalenz in den Austauschbeziehungen durch das Prinzip der Waffengleichheit sicherzustellen[5]. Die Gegengewichtsbildung wird also als ein Mittel angesehen, die Vertragsfreiheit herzustellen oder zu erhalten[6].

Gegengewichtsbildung ist daher primär eine Anti-Ausbeutungs- und Mißbrauchspolitik und keine Politik zur Strukturierung und Sicherung horizontaler Wettbewerbsbeziehungen. Dies schließt nicht aus, daß die vertikale Gegengewichtsbildung Sekundäreffekte positiver oder negativer Art auf den horizontalen Wettbewerbsprozeß hat und insofern ein Stück Wettbewerbspolitik zugleich sein kann.

Ein positiver Effekt kann z. B. dann eintreten, wenn sich zahlreiche Kleinunternehmen gegen Ausbeutungspraktiken eines marktstarken Nachfragers zusammenschließen, hierdurch der marktstarke Nachfrager einen unberechtigten Vorsprung gegenüber seinen Konkurrenten verliert und damit auf dieser Ebene der Wettbewerb wieder leistungsgerechter wird[7]. Zugleich kann in dem genannten Beispiel auf der zweiten horizontalen Ebene eine Verschlechterung des Wettbewerbs eintreten, und zwar dann, wenn der Wettbewerb auf der Produzentenstufe durch die gemeinsame Abwehrmaßnahme verringert wird[8]. Auswirkungen auf die horizontalen Wettbewerbsverhältnisse sind somit nicht auszuschließen.

Da die Auswirkungen jedoch nur notwendige Folge der Gegengewichtsbildung und nicht eigentlicher Zweck der Gegengewichtsbildung sind, sollte man Gegengewichtsbildung von Nebengewichtsbildung trennen, geht es doch bei der Gegengewichtsbildung primär um

---

[4] So Sölter, WuW 1968, S. 317, 332.

[5] Bartholomeyczik, Gegengewichtsprinzip, S. 48 ff.

[6] Bartholomeyczik, Gegengewichtsprinzip, S. 50.

[7] Zum Problem, daß Wettbewerb auf einer Marktseite durch Maßnahmen auf der anderen Seite beschränkt oder gefördert werden kann, Köhler, S. 36 ff.

[8] Da die wettbewerblichen Auswirkungen positiver oder negativer Art sein können, kann die Gegengewichtsbildung nicht vor vornherein als „wettbewerbskonform“ angesehen werden, wie dies Sölter, WuW 1968, S. 317, 332 behauptet.

die Austauschbeziehungen zwischen den Wirtschaftsstufen und nicht um die Wettbewerbsverhältnisse auf der Ebene der sich Zusammenschließenden. Eine Gleichsetzung von Neben- und Gegengewichtsbildung würde den unterschiedlichen Ansatzpunkten nicht gerecht[9].

II. Gegengewichtsbildung als ausschließlicher Gegenstand der Untersuchung

Gegenstand der vorliegenden Arbeit ist allein die Gegengewichtsbildung, also die Schaffung von Abwehrmacht gegenüber vor- oder nachgelagerten Wirtschaftsstufen. Während die Abwehr von Marktmacht großer Konkurrenten der gleichen Wirtschaftsstufe wesentlicher Gesichtspunkt der gesamten Kooperationsförderung war[10] und entsprechend intensiv diskutiert wurde[11], ist die Möglichkeit zur Bildung von Gegengewichten, d. h. von vertikaler Abwehrmacht, nur unzureichend analysiert.

Die getrennte und eigenständige Analyse der Gegengewichtsbildung erscheint erforderlich, weil einer Übertragung der Erkenntnisse der Nebengewichtsbildung auf die Gegengewichtsbildung die funktionale Verschiedenheit beider Konzepte entgegensteht: Während die Nebengewichtsbildung vorrangig der Intensivierung des Wettbewerbs dienen soll, ist die Gegengewichtsbildung vorrangig Einkommensverteilungspolitik im Verhältnis zweier Wirtschaftsstufen.

---

[9] So aber Benisch, Grundlagen, S. 110; Andrae, Marktmacht, S. 87 ff.; Schreiber, S. 14 f.; Sölter, WuW 1968, S. 317, 332.

[10] So zielt nach der Reg.-Begründung zur 2. Kartellnovelle, BT.-Dr. 6/2520, S. 14, 19, die Kooperation darauf ab, innerhalb kleiner Gruppen von Klein- und Mittelunternehmen durch Koordinierung einzelner Unternehmensfunktionen die Leistung der Beteiligten zu steigern und dadurch deren Wettbewerbsfähigkeit zu verbessern. Die Kooperation soll somit der Stärkung der Marktposition der kleinen und mittleren Konkurrenten dienen, d. h., es wird eine horizontale Machtangleichung angestrebt.

[11] Eine ausführliche Zusammenstellung der Lit. zur Kooperationsförderung findet sich bei Emmerich, Einführung, S. 67 f.

B. Gegengewichtsbildung als Selbstregulierung der Wirtschaft

I. Die These von J. K. Galbraith

Die wohl bekannteste, weil am pointiertesten und engagiertesten vorgetragene, Stellungnahme zur Gegengewichtsbildung stammt von John Kenneth Galbraith. In seiner Schrift „American Capitalism, The Theory of Countervailing Power"[1] analysiert er die amerikanische Wirtschaft und kommt zu dem Ergebnis, daß die wettbewerblichen Kontrollen wirtschaftlicher Macht durch ein neues Gegengewichtssystem ersetzt wurden: "In fact, new restraints on private power did appear to replace competition ... I shall call it countervailing power[2]."

Nach Galbraith bildet sich die „countervailing power" grundsätzlich von selbst als Gegengewicht zur „original power"[3]: "This means that, as a common rule, we can rely on countervailing power to appear as a curb on economic power[4]."

Der Grund für die Entstehung der „countervailing power" ist in der Ausbeutung durch die „original power" zu sehen: "The fact that a seller enjoys a measure of monopoly power, and is reaping a measure of monopoly return as a result, means that there is an inducement to those firms from whom he buys or those to whom he sells to develop the power with which they can defend themselves against exploitation ... In this way the existence of market power creates an incentive to the organization of another position of power that neutralizes it[5]." Es ist somit die Tatsache der Ausbeutung selbst, welche die Gegenmachtsbildung induziert.

Da die Gegengewichtsbildung nach Galbraith ein sich selbst regulierender Prozeß hin zum Gleichgewicht ist, entlastet das Entstehen von Gegenmacht den Staat: "Given the existence of private market

---

1 Von dem zitierten Werk gibt es auch die deutsche Übersetzung „Der amerikanische Kapitalismus im Gleichgewicht der Kräfte", die allerdings auf der ersten englischen Auflage beruht. Da die 2. Auflage der englischen Originalausgabe gegenüber der ersten Auflage erweitert ist, wird im folgenden die englische Ausgabe, 2. Aufl., zitiert.

2 Galbraith, S. 111.

3 Die Unterscheidung zwischen „original" und „countervailing power" findet sich bei Galbraith, S. 137.

4 Galbraith, S. 113.

5 Galbraith, S. 111 f.

power in the economy, the growth of countervailing power strengthens the capacity of the economy for autonomous self-regulation and thereby lessens the amount of over-all government control or planning that is required or sought[6]." Aufgabe des Staates ist es daher nicht, durch Verbote und Dekonzentrationseingriffe zu intervenieren, als vielmehr die Selbstregulierung zu unterstützen: "... the provision of state assistance to the development of countervailing power has become a major function of government — perhaps the major domestic function of government[7]."

II. Gegengewichtsbildung als wissenschaftliche Gesetzmäßigkeit

Galbraith selbst hat seine Ausführungen zur Gegengewichtsbildung „The Theory of Countervailing Power" genannt. Damit hat er wissenschaftstheoretisch den Anspruch erhoben, mit Hilfe einer nomologischen Hypothese aus den Prämissen, dem Explanans, einen bestimmten zu erklärenden Sachverhalt, das Explanandum, zu deduzieren.

Untersucht man unter diesem Gesichtspunkt die Erörterungen Galbraiths, so kommt als Hypothese folgende invariante Beziehung in Betracht: Originäre Macht schafft Gegenmacht. Die Vorstellung eines solchen Ordnungsautomaten[8] läßt sich bei Galbraith aus zahlreichen Äußerungen entnehmen: "To begin with a broad and somewhat too dogmatically stated proposition, private economic power is held in check by the countervailing power of those who are subject to it. The first begets the second ... The two develop together, not in precise step but in such manner that there can be no doubt, that the one is in response to the other[9]."

Mit diesen Ausführungen deckt sich auch der Begriff der self-generating force[10], also einer Kraft, die quasi automatisch entsteht.

Galbraith hat, gewollt oder ungewollt, mit diesen Formulierungen und zusammen mit dem Anspruch, eine „Theory of Countervailing Power" zu entwickeln, eine Gesetzmäßigkeit dargestellt, die es seinen Kritikern sehr leicht gemacht hat. Denn als Theorie müssen die Thesen Galbraiths einer empirischen Überprüfung zugänglich sein, wobei nach Popper das methodologische Prinzip des Falsifizierungsversuches anzuwenden ist[11]. Diese Falsifizierungen eines automatischen, das heißt

---

6 Galbraith, S. 151.
7 Galbraith, S. 128.
8 Schreiber, S. 11 ff.
9 Galbraith, S. 111.
10 Galbraith, S. 113.
11 Popper, S. 7 ff.

zwangsläufigen Entstehens von Gegenmacht hat aber Galbraith selbst bereits geliefert: So weist er auf verschiedene Umstände hin, die eine Gegengewichtsbildung erschweren oder gar ausschließen. Dies gilt für die Unorganisierbarkeit bestimmter Interessen[12] oder für einen Nachfrageüberhang, der es unmöglich macht, eine einheitliche Front der Nachfrager gegen die Anbieter aufzubauen[13].

Will man Galbraith nicht unterstellen, daß er eine von vornherein widerlegbare Theorie aufstellen wollte, so ließen sich die von ihm genannten Ausnahmen als einschränkende Prämissen interpretieren. Seine Theorie hätte dann nur unter den von ihm genannten Einschränkungen Geltung. Tatsächlich wäre aber auch eine solchermaßen eingeschränkt formulierte Theorie der Gegengewichtsbildung falsifizierbar. So läßt sich beispielsweise Gegengewicht nicht bilden, wenn der Autonomiewille der Betroffenen stärker ist als der Wunsch zur Verteidigung, obwohl prinzipiell die Interessen gemeinsam organisierbar wären.

Hält man sich die genannten Gegenbeispiele vor Augen — und auch Galbraith waren sie bekannt —, so erscheint seine Theorie weniger als wissenschaftliche Theorie[14], als vielmehr die Beschreibung eines von ihm in zahlreichen Fällen beobachteten Phänomens[15]. Seine Aussagen reduzieren sich auf eine Deskription[16] sozialer Vorgänge, die Galbraith in der ihm eigenen Art überpointiert dargestellt hat[17].

Im Ergebnis ist eine, wenn überhaupt existierende Theorie, daß originäre Macht zwangsläufig Gegenmacht erzeuge, falsifiziert[18]. Keinesfalls gilt, daß privater Wirtschaftseinfluß automatisch durch die Gegenkraft jener, die ihm unterworfen sind[19], im Zaum gehalten wird[20]. Gegenmacht kann entstehen, ihre Bildung kann aber auch unterbleiben[21].

---

[12] Galbraith, S. 126 ff.

[13] Galbraith, S. 128 ff.

[14] Nach Stigler, S. 7,10 ist das Gegengewichtsprinzip von Galbraith keine Theorie sondern ein Dogma. Vgl. auch die Zweifel bei Glahe, S. 136.

[15] Schreiber, S. 25.

[16] Kantzenbach, Nachfragemacht, S. 137.

[17] Miller, S. 15,16 spricht vom „land of simplifications“.

[18] Schreiber, S. 20; Andrae, Machtkonflikt, S. 44.

[19] Galbraith, S. 111.

[20] Schreiber, S. 24 f.

[21] Schreiber, S. 30.

III. Originäre Macht und gegengewichtige Macht: Ein System neutralisierter Kräfte?

Trotz der Falsifizierung einer allgemein gültigen Theorie der Gegenmachtsbildung ist zu prüfen, ob nicht zumindest in den Fällen, in denen eine Gegenmachtsbildung erfolgt, ein System neutralisierter Macht entsteht, welches Ausbeutung und Machtmißbrauch verhindert. Wäre dies der Fall, so würde zumindest in Teilbereichen der Wirtschaft durch die self-generating force[22] der Gegengewichtsbildung ein Gleichgewicht entstehen.

Tatsächlich erscheint es aus mehreren Gründen aber als fraglich, ob Gegengewichtsbildung wirklich zu einem Machtausgleich führt.

Der wesentliche Gesichtspunkt ist dabei, daß Machtbeziehungen wesentlich komplexer sind als Galbraith sie darstellt. Weder werden z. B. alle Nachfrager von einem bestimmten Anbieter im gleichen Maße ausgebeutet, noch beuten die verschiedenen Anbieter einen bestimmten Nachfrager in gleicher Art und Weise aus. Aus dieser Heterogenität der Machtbeziehungen folgt, daß eine Gegengewichtsbildung z. B. in Form einer Einkaufsorganisation der Händler einerseits zwar ein Gleichgewicht gegen einen marktstarken Anbieter herstellen kann, andererseits aber schon ein Übergewicht gegen einen schwächeren Anbieter darstellt[23].

Ein vollständiger Machtausgleich wird auch deswegen nicht erfolgen, weil es nicht nur vertikale Macht- und Interessengegensätze, sondern auch solche horizontaler Art gibt. Indem Galbraith ausschließlich den vertikalen Machtausgleich anstrebt[24], vernachlässigt er die Wirkungen der Gegengewichtsbildung auf das horizontale Machtgefüge. Im horizontalen Machtverhältnis aber kann die Gegengewichtsbildung zu neuen Machtgefällen führen[25]. Im Ergebnis erscheint es daher als unwahrscheinlich, daß Gegenmachtsbildung, sofern sie überhaupt entsteht, zu einem Gleichgewichtssystem neutralisierter Machtblöcke führt.

---

22 Galbraith, S. 113.

23 Weitere Beispiele finden sich bei Schreiber, S. 21 ff.

24 Galbraith, S. 111.

25 Vgl. auch die unter A I beschriebenen horizontalen Wirkungen der Gegengewichtsbildung.

C. Gegengewichtsbildung als Mittel der Ordnungspolitik

Gegengewichtsbildung findet nach den bisherigen Ausführungen weder automatisch statt, noch führt sie in den Fällen, in denen sie möglich ist, zu einem automatischen Gleichgewicht.

Dies schließt jedoch nicht aus, daß die Gegengewichtsbildung ein Mittel der Ordnungspolitik sein kann[1].

Während der Gedanke einer gesetzmäßigen Zwangsläufigkeit der Entstehung von Gegengewichten auch in der deutschen Literatur überwiegend auf Ablehnung stieß, fand die Idee einer Zulassung von Gegengewichten, speziell von Abwehrkartellen, als ordnungspolitisches Instrument zahlreiche Befürworter.

Zu den entschiedensten Verfechtern der Gegengewichtsbildung zählen hierbei C. A. Andrae[2] und Arno Sölter[3]. So forderte Sölter schon 1964: „Heute ist der Zeitpunkt gekommen, den Abwehr- und Gegengewichtsgedanken zum allgemeinen Prinzip der Marktwirtschaft zu erheben[4].“ Für Andrae erschien die Zulassung von Gegengewichten als „Gebot der Stunde“[5].

Differenzierter, aber doch zustimmend, äußerte sich eine Anzahl weiterer Autoren, so Bartholomeyczik[6], Benisch[7], Gutersohn[8], Schreiber[9] und Seraphim[10]. Die wohl vorsichtigste zustimmende Stellungnahme stammt von Schuhmacher[11], der einen Kranz von Bedingungen entwickelte, deren Erfüllung Voraussetzung für die Zulässigkeit einer

---

1 Schreiber, S. 37 ff.; Glahe, S. 136 ff.

2 Andrae, MA 1962, S. 628, 633 ff.; ders., Machtkonflikt, S. 42 ff. und 60 ff.; ders., Marktmacht, S. 77 ff.

3 Sölter, Nachfragemacht, S. 44; ders., Rabattkartell, S. 51 ff.; ders., MA 1961, S. 337, 361 ff.; ders., MA 1962, S. 357, 368; ders., DB 1964, S. 1251 ff.; ders., WuW 1968, S. 317, 332 ff.; ders., MA 1968, S. 342, 349 f.; ders., WRP 1972, S. 53, 57; ders., WuW 1974, S. 657, 661; ders., WRP 1977, S. 445, 452 ff.; ders., Wettbewerbsbegriff, S. 98.

4 Sölter, DB 1964, S. 1251, 1252.

5 Andrae, MA 1962, S. 628, 636.

6 Bartholomeyczik, Gegengewichtsprinzip, S. 48 ff.; ders., AcP 166, S. 30, 68 ff.

7 Benisch, Grundlagen, S. 112 ff.

8 Gutersohn, S. 198 ff.

9 Schreiber, S. 53 - 68.

10 Seraphim, S. 104 ff.

11 Schuhmacher, ZHR 1976, S. 317, 345 ff.

Gegengewichtsbildung sein soll. Schuhmacher nennt folgende Kriterien für die Zulässigkeit eines Abwehrkartells:

— Existenz eines Machtungleichgewichtes[12]
— Gegengewichtsbildung nur, soweit notwendig zur Erreichung angemessener Vertragsbedingungen[13]
— Gegengewichtsbildung nur, wenn ein Machtmißbrauch durch die ursprüngliche Marktmacht vorliegt[14]
— Beschränkungen des Abwehrkartells durch Auflagen und Bedingungen[15]
— Mißbrauchsaufsicht über das Abwehrkartell[16].

Obwohl somit die Forderungen der einzelnen Autoren — vergleicht man das Zitat von Sölter mit der sehr differenzierten Forderung von Schuhmacher— im Hinblick auf eine Freistellung von Abwehrkartellen vom grundsätzlichen Kartellverbot des § 1 GWB in der konkreten Ausgestaltung stark differieren, besteht die Gemeinsamkeit darin, daß die Gegengewichtsbildung als ordnungspolitisches Instrument Anerkennung findet.

Als Instrument der Ordnungspolitik ergibt sich jedoch die Rechtfertigung der Gegengewichtsbildung nicht aus sich selbst. Wie jedes wirtschaftspolitische Instrument haben sich Maßnahmen der Ordnungspolitik ebenso wie jene der Prozeßpolitik an bestimmten ökonomischen oder außerökonomischen Zielen zu orientieren[17]. Diese Zweck-Mittel-Gebundenheit verpflichtet, wirtschaftspolitisches Handeln auf die relevanten Ziele zu beziehen und es aus diesen zu rechtfertigen. Es bestimmen somit die Ziele den Einsatz der Instrumente.

Die Geeignetheit eines Instruments im Hinblick auf ein bestimmtes wirtschaftspolitisches Ziel ist allerdings nicht allein maßgebend für dessen Einsatz. Vielmehr ist weiterhin zu untersuchen, ob bezüglich anderer, noch nicht genannter Ziele, negative Nebenwirkungen auftreten. Erforderlich ist also eine Betrachtung des gesamten strategischen Feldes. Diese Gesamtbetrachtung kann ergeben, daß ein bestimmtes Instrument zwar im Hinblick auf ein konkretes wirtschaftspolitisches Ziel überlegen ist, daß bezüglich des gesamten Zielbündels aber ein geringerer Zielerreichungsgrad verwirklicht wird als durch ein alternatives Instrument.

---

12 Schuhmacher, ZHR 1976, S. 317, 345.
13 Schuhmacher, ZHR 1976, S. 317, 346.
14 Schuhmacher, ZHR 1976, S. 317, 346.
15 Schuhmacher, ZHR 1976, S. 317, 337.
16 Schuhmacher, ZHR 1976, S. 317, 337.
17 Schreiber, S. 43 ff.

Für die Analyse der Geeignetheit der Gegengewichtsbildung als wirtschaftspolitisches Instrument ergibt sich damit folgendes Vorgehen: Zunächst sind die Ziele zu nennen, denen Gegengewichtsbildung dienen soll (I.1.). Anschließend ist die Geeignetheit des Instruments zur Erfüllung dieser Ziele zu untersuchen (I.2.), schließlich ist auf mögliche Konflikte mit anderen Zielen und Instrumenten hinzuweisen (II.).

I. Die Gegengewichtsbildung im Zielsystem ihrer Befürworter

1. Ziele, denen eine Gegengewichtsbildung dienen soll

Die Ziele, aus denen die Gegengewichtsbildung ihre Rechtfertigung als Ordnungsfaktor herleiten soll, sind bei den einzelnen Autoren oft nicht exakt formuliert. Häufig finden sich allgemein gehaltene Postulate wie z. B. bei Sölter, der feststellt, daß „es wirtschaftlich, rechtlich und moralisch unvertretbar wäre, der Marktgegenseite nicht zu gestatten, eine gegengewichtige Marktmacht durch Kooperation zu bilden“[18].

Keine exakte Zielformulierung liegt auch dem Versuch zugrunde, die Notwendigkeit einer Gegengewichtsbildung empirisch-soziologisch zu begründen. Diese soziologische Begründung beruht auf der Erkenntnis, daß der Mensch nicht nur ein Individual-, sondern auch ein gruppenorientiertes Wesen ist[19]. Daraus wurde der — in Anbetracht des Strebens nach wirtschaftlicher Unabhängigkeit — zweifelhafte Schluß gezogen, es existiere ein Urbedürfnis nach wirtschaftlicher Kooperation und Gruppenbildung[20], welches der Staat fördern müsse.

Nun ist es sicherlich denkbar, daß die Förderung und Unterstützung einer real-soziologischen Entwicklung Ziel wirtschaftspolitischer Maßnahmen sein kann. Dies erfordert jedoch eine gewisse Begründung, warum die empirisch-soziologische Entwicklung befürwortet wird und weshalb sie gefördert werden soll. Tatsächlich haben aber die Autoren, die auf die soziologische Entwicklung verweisen, nicht vorgetragen, warum sie die von ihnen festgestellte Kollektivierung des menschlichen Schicksals[21] als solche begrüßen und fördern wollen. Statt einer positiven Zielvorgabe haben sie vielmehr die soziologische Entwicklung als solche schon zur Begründung für die Förderung der Gegengewichtsbildung angeführt. Dies aber ist für eine zielorientierte Zweck-Mittel-Politik unzureichend. Selbst wenn ein „Urbedürfnis“ nach wirt-

---

[18] Sölter, MA 1961, S. 337, 366.

[19] Andrae, MA 1962, S. 628, 632.

[20] Andrae, MA 1962, S. 628, 632.

[21] Bartholomeyczik, Gegengewichtsprinzip, S. 50.

schaftlicher Zusammenarbeit bestehen sollte, so bedeutet dies noch nicht, daß der Staat eine solche Entwicklung auch fördern muß. Der Staat kann sehr wohl versuchen, soziales Verhalten zu beeinflussen -- eine Aufgabe, der der Staat schon immer durch zahlreiche Gesetze oder im Rahmen der Leistungsverwaltung, wie z. B. im Bildungsbereich, nachgekommen ist.

Nicht was *ist* kann also Maßstab politischen, hier wirtschaftspolitischen, Handelns sein. sondern das, was sein *soll*.

Analysiert man unter diesem Gesichtspunkt der positiven Zielvorgabe die Stellungnahmen zur Gegengewichtsbildung, so lassen sich vor allem folgende Ziele erkennen:

a) Gerechtigkeitsziele

Im Rahmen der positiven Stellungnahmen zur Gegengewichtsbildung ist zunächst die Idee der Schaffung eines Gleichgewichtssystems auffallend. „Die Idee des Wettbewerbs muß sein gleiche gegen gleiche und nicht jeder gegen jeden[22].“ In diesem Sinne schätzt Seraphim die Gegengewichtsbildung als Mittel der Ordnungspolitik zur Beseitigung gleichgewichtsstörender Wirkungen ein[23]. Auch bei Galbraith steht die Idee eines gleichgewichtigen Systems im Vordergrund der Betrachtung: “... private economic power is held in check by the countervailing power of those who are subject to it[24].” Kann aber ein System des check and balances als solches Ziel der Wirtschaftspolitik sein? Zu Recht weist Schreiber darauf hin, daß ein bestimmtes Prinzip nicht seiner formalen Harmonie wegen schon als erstrebenswert gelten kann[25]. Ob ein Gleichgewichtssystem positiv zu beurteilen ist, hängt ab vom anzuwendenden Maßstab, also den dahinterstehenden Zielen. Trotz dieser Relativierung des Gedankens eines Gleichgewichtes in der Wirtschaft ist dieses formale Prinzip nicht ohne Relevanz. Ein Gleichgewicht kann das Erreichen bestimmter weitergehender Zielsetzungen, so z. B. einer gerechten Einkommensverteilung, erleichtern oder sogar erst ermöglichen. Insofern ist die Forderung nach einem Gleichgewicht nicht belanglos, sie muß allerdings im Zusammenhang mit weitergehenden normativen Zielen gesehen werden, aus denen sie sehr wohl ihre Berechtigung herleiten kann.

---

[22] Andrae, Machtkonflikt, S. 64.

[23] Seraphim, S. 105.

[24] Galbraith, S. 111.

[25] Schreiber, S. 40.

aa) Vertragsgerechtigkeit

Ein solch weiterreichendes Ziel kann die Vertragsgerechtigkeit sein. Nach Bartholomeyczik ist die Äquivalenz von Leistung und Gegenleistung im Austauschvertrag bei voller Vertragsfreiheit nur gesichert, wenn die Vertragspartner Waffengleichheit besitzen[26], d. h., wenn jeder Vertragsteil Startbedingungen hat, die als äquivalent angesehen werden können[27]. Durch Einführung der Gegengewichtsbildung soll dem Gerechtigkeitsziel Geltung verschafft werden, indem die natürliche, wirtschaftliche oder soziale Ungleichheit der Vertragsschließenden korrigiert wird[28]. Darüber hinaus soll die Gegengewichtsbildung auch die Vertragsfreiheit sichern, da diese nach Bartholomeyczik ein Machtgleichgewicht voraussetzt[29].

bb) Gerechte Einkommensverteilung

Während die Vertragsgerechtigkeit die Äquivalenz von Leistung und Gegenleistung im einzelnen Rechtsgeschäft zum Ziel hat, ist Gegenstand der Einkommensverteilung die Aufteilung der in einer Volkswirtschaft oder innerhalb einer bestimmten Wirtschaftsstufe geschaffenen Werte. Damit ist die Vertragsgerechtigkeit ein am einzelnen Rechtsgeschäft orientierter juristischer Begriff, während die Einkommensgerechtigkeit eine globalere wirtschaftswissenschaftliche Betrachtungsweise zum Ausdruck bringt.

Die gerechte Einkommensverteilung zwischen Anbietern und Nachfragern erscheint als das dominierende Ziel der Befürworter des Gegengewichtsgedankens, soll doch die Gegengewichtsbildung ausbeuterische Praktiken durch die Marktgegenseite verhindern[30]. Dabei wird davon ausgegangen, daß „eine Politik der Angleichung der Monopolisierungsgrade durch systematische Förderung der gegengewichtigen Macht näher an das theoretische Optimum der Grenzbedingungen" heranführt, „als es durch das unvermittelte Nebeneinanderbestehen zweier so verschiedener Preis-Kosten-Relationen wie beim Monopol und der atomistischen Konkurrenz der Fall ist"[31]. Preistheoretisch wird somit die Chance gesehen, daß im Grenzfall des bilateralen Monopols der Einigungsbereich der Parteien ein Tauschverhältnis zuläßt, das demjenigen der vollständigen Konkurrenz entspricht. Ob die

[26] Bartholomeyczik, Gegengewichtsprinzip, S. 16.

[27] Bartholomeyczik, Gegengewichtsprinzip, S. 19.

[28] Bartholomeyczik, Gegengewichtsprinzip, S. 18 und 20; im gleichen Sinne Sölter, Wettbewerbsbegriff, S. 99.

[29] Bartholomeyczik, Gegengewichtsprinzip, S. 51.

[30] Sölter, WuW 1968, S. 317, 332: „... Hauptziel des Gegengewichtsprinzips die Sicherung gerechter Einkommensverteilung ist ..."

[31] Seraphim, S. 107.

Gegengewichtsbildung im Endeffekt aber tatsächlich zu einer gerechteren Einkommensverteilung im allgemeinen und nicht nur im Einzelfall zwischen zwei im Mittelpunkt der Betrachtung stehenden Parteien führt, ist noch zu diskutieren.

b) Machtausgleich und Machtkontrolle

Besonders bei Galbraith ist erkennbar, daß die Gegengewichtsbildung — die bei ihm allerdings weitgehendst automatisch erfolgt — nicht nur die ökonomischen Ansprüche der marktschwachen Seite sichern soll, sondern darüber hinaus der sozialen Befriedung und der Kontrolle wirtschaftlicher Machtpositionen dienen soll.

aa) Abbau und Vermeidung sozialer Spannungen

Am Beispiel der ehemals benachteiligten Gruppen der Arbeiter und Farmer zeigt Galbraith, daß es möglich sei, durch Gegengewichtsbildung Angst und Furcht als Ergebnis sozialer Unsicherheit und Abhängigkeit zu beseitigen: "Workers and farmer lived in the knowledge that they were subject, in one way or another, to the power of others. It was inevitable, therefore, that with the development of countervailing power these attitudes would change and they have. In place of the inferiority and insecurity has come a well-developed sense of equality and confidence[32]."

Die Gegengewichtsbildung hat somit nach Galbraith auch eine gesellschaftspolitische Dimension: Sie baut soziale Spannungen ab und fördert damit den sozialen Ausgleich[33]. Nach Andrae kann der Abbau sozialer Spannungen durch die Gegengewichtsbildung sogar politische Auseinandersetzungen verhindern[34].

bb) Machtkontrolle

In engem Zusammenhang mit dem vorgenannten Ziel steht das Streben nach Kontrolle wirtschaftlicher Macht. So wie der Wettbewerb zumindest die längerfristige Verfestigung bestimmter Machtpositionen verhindern soll, indem nur Vorsprungsgewinne zugelassen werden, so soll die Gegenmacht Zwang auf die ursprüngliche Macht mit dem Ziel der Machtneutralisierung ausüben[35].

---

[32] Galbraith, S. 146.

[33] Galbraith, S. 147.

[34] Andrae, Marktmacht, S. 83.

[35] Galbraith, S. 113, spricht von Machtzügelung: "Countervailing power ... as a curb on economic power."

Dieses Ziel der Machtkontrolle und des Machtausgleichs kann sicherlich als eigenständiges Ziel der Gegengewichtsbildung angesehen werden, wenn man bedenkt, daß nicht nur unbeschränkte politische Macht, sondern auch unbeschränkte ökonomische Macht eine Gefährdung des Freiheitsraumes der Machtunterworfenen darstellen kann[36]. Dieser Gedanke lag auch dem Wettbewerbsprinzip zugrunde: Funktionierender Wettbewerb, so die Argumentation, läßt nur temporäre Machtpositionen entstehen, die durch nachziehende Konkurrenten wieder neutralisiert werden[37]. Ähnlich wie diese außerökonomische freiheitssichernde Wettbewerbsfunktion läßt sich somit auch eine außerökonomische Zielsetzung der Gegengewichtsbildung feststellen.

c) Selbstregulierung des Marktes statt Interventionismus

Nicht nur vor der unkontrollierten Macht der Mitbürger soll die Gegengewichtsbildung schützen, sondern auch vor der Übermacht des Staates[38]. Die Gegengewichtsbildung soll „den Gesetzgeber gerade auf ökonomischem Gebiet vor dem Odium eines überstrapazierten Rechtsetzungsmonopols entlasten und Ordnungsaufgaben wieder verstärkt in die Hand gesellschaftlicher Kräfte legen“[39]. Im Interesse des Grundsatzes, daß das Gesetz von der Würde seiner Seltenheit lebe[40], soll der Staat grundsätzlich nur eine subsidiäre Rolle einnehmen[41], d. h., staatliche Eingriffe z. B. in Form der Mißbrauchsaufsicht sollen zurückgestellt werden zugunsten einer Selbsthilfe[42] der Wirtschaft in Form der Gegengewichtsbildung.

An die Stelle einer Wettbewerbspolitik, die durch ständige dirigistische Eingriffe zwecks Erhaltung des Wettbewerbs die Wettbewerbswirtschaft abschaffe[43], sollen nach dem Willen der Verfechter der Gegengewichtsbildung die gesellschaftlichen Kräfte der Selbstverantwortung gestärkt werden[44].

Grund für diese sehr skeptische Haltung gegenüber staatlicher Einflußnahme ist neben einer allgemeinen Abneigung gegen zu viel Staat und Bürokratismus der nur mäßige Erfolg im Bemühen, mit staatlichen Maßnahmen gegen den Mißbrauch wirtschaftlicher Machtposi-

---

[36] Bartholomeyczik, Gegengewichtsprinzip, S. 22.

[37] Hoppmann, Definition des Wettbewerbs, S. 42; Schmidt, Ingo, S. 26 f.

[38] Bartholomeyczik, Gegengewichtsprinzip, S. 22.

[39] Bartholomeyczik, Gegengewichtsprinzip, S. 21 f.

[40] Bartholomeyczik, Gegengewichtsprinzip, S. 20.

[41] Andrae, MA 1962, S. 628, 633.

[42] Gutersohn, S. 203.

[43] So Sölter, WuW 1974, S. 657, 664.

[44] Bartholomeyczik, Gegengewichtsprinzip, S. 55.

tionen vorzugehen[45]. In diesem Zusammenhang sind die begrenzten Eingriffstatbestände, die time-lags, aber auch die Furcht der Betroffenen, Machtmißbräuche anzuzeigen[46], zu nennen.

Unter diesen Gesichtspunkten ist der Gedanke, den Machtmißbrauch von vornherein durch Stärkung der Marktgegenseite unmöglich zu machen, naheliegend.

2. Die Eignung der Gegengewichtsbildung zur Erfüllung der genannten Ziele

Nachdem die wesentlichen Ziele der Befürworter einer Gegengewichtsbildung erkannt sind, soll im folgenden untersucht werden, inwieweit eine Gegengewichtsbildung die gesetzten Ziele erfüllen kann.

a) Das Problem der Übermachtsbildung

Die Geeignetheit der Gegengewichtsbildung ist zunächst im Hinblick auf die Ziele „Machtausgleich" und „Machtkontrolle" wegen der Gefahr einer Übermachtsbildung und der sich daraus ergebenden Möglichkeit von Machtspiralen fraglich. Eine Machtspirale kann dadurch entstehen, daß die gegengewichtige Marktmacht ihrerseits so groß ist, daß von ihr mißbräuchliche Machtausübung ausgeht, die wiederum den Ruf nach Stärkung der originären Marktmacht auslöst[47]. Schreiber stellt zu diesem Umschlagen einer Abwehr- in eine Angriffsorganisation treffend fest: „Es wird hier offenbar übersehen, daß die sogenannte Gegenkraft die gleichen Eigenschaften und Auswirkungen haben kann wie die sogenannte ursprüngliche Kraft. Es ist denkbar und in der Praxis auch erwiesen, daß ‚Gegenkraft' nicht nur im Stande ist, ‚ursprüngliche Kraft' zu neutralisieren, sondern auch ihrerseits ebenso Einfluß zu nehmen wie die ‚ursprüngliche Kraft' und dadurch unter Umständen wieder die Entwicklung von ‚Gegenkräften' hervorzurufen[48]."

Dieses „Hinaufschaukeln" der Machtkonzentration[49] wird aus vier Gründen nicht zu verhindern sein: Zum einen setzt eine gleichgewichtige Gegengewichtsbildung voraus, daß Machtpositionen meßbar und vergleichbar sind. So ist Voraussetzung für eine Gegengewichtsbildung, die nicht von vornherein eine Übermachtsbildung sein soll, die

---

45 Schuhmacher, ZHR 1976, S. 317, 349.

46 Sölter, WRP 1977, S. 445, 451; Kartte, WRP 1976, S. 1,2; ders., Wettbewerbsordnung, S. 19 m. w. N.

47 Mestmäcker, ZfgStW 129 (1973), S. 89, 91; Säcker, Genossenschaften, S. 212.

48 Schreiber, S. 14; vgl. auch Mellerowicz, MA 1965, S. 292, 303.

49 Griesbach, zitiert bei Kantzenbach, Funktionsfähigkeit des Wettbewerbs, S. 150.

Feststellung eines Machtsaldos. Nur wenn eine originäre Übermacht existiert, greift der Gedanke der Abwehrbildung ein. Weiterhin müßte bestimmbar sein, wann ein Machtsaldo im Wege der Gegengewichtsbildung ausgeglichen ist[50], denn nur bis zu diesem Punkt des Gleichgewichtes hat der Abwehrgedanke seine Berechtigung. Machtmessungen wären somit für eine korrekte Gegenmachtbildung erforderlich.

Macht jedoch ist ein so komplexes Phänomen, daß sich Macht nicht durch eine einzige Maßgröße ausdrücken läßt[51]. Denkbar wäre es, mehrere einzelne Kriterien, die einen Schluß auf die wirtschaftliche Machtposition zulassen, zu messen. Ein solches Vorgehen löst jedoch die Probleme nicht. Die Macht eines wirtschaftlichen Akteurs ergibt sich aus so unterschiedlichen Kriterien wie z. B. den vorhandenen Ressourcen, dem Marktanteil, der absoluten Größe, dem Know-how, der vorhandenen Information über Konkurrenten, Kunden etc., daß diese wohl kaum vollständig erfaßbar sein werden. Die von Andrae genannten Kriterien der Größe des Marktanteils, der Anzahl der Marktteilnehmer, der Elastizität der Nachfrage, des finanziellen und politischen Rückhalts sowie der Marktzugangsmöglichkeiten[52] sind jedenfalls nur ein kleiner Ausschnitt der denkbaren Kriterien und für eine exakte Messung einer wirtschaftlichen Machtposition unzureichend. Schon wegen dieser Begrenztheit der herangezogenen Kriterien wird die Bestimmung der Machtposition fehlerhaft sein. Weiterhin müßten, um zu einer bestimmten Machteinschätzung kommen zu können, Kriterien wie Gewinn und Informationsstand, politischer Rückhalt und Marktanteil vergleichbar sein. Dies ist jedoch angesichts der Unvergleichbarkeit solcher Kriterien nicht möglich.

Da somit ein exakter Maßstab nicht vorhanden ist, kommt auch Andrae zu dem Ergebnis, daß das Resultat der von ihm vorgeschlagenen Messungen eher den Charakter einer Schätzung als einer Messung trägt[53]. Dieser fehlende Maßstab ist um so bedenklicher, als Andrae selbst eingesteht, daß eine „Fehleinschätzung wirtschaftlicher Macht, eine beabsichtigte oder unbeabsichtigte Fehlmessung ... natürlich nicht zu einer Verringerung, sondern umgekehrt zu einer Erhöhung gesellschaftlicher Spannungen“[54] führt.

Zum zweiten besteht die Gefahr einer Machtspirale, weil sich in einer dynamischen Wirtschaft die Markt- und damit Machtdaten so

---

[50] Zum Problem des Ausgleichs des Machtsaldos, Andrae, Machtkonflikt, S. 56 ff.

[51] Schuhmacher, ZHR 1976, S. 317, 323; Säcker, BB 1967, S. 681, 688 f. m. w. N.; Diederichsen AcP 166 (1966), S. 142, 145; Schenk, WuW 1974, S. 149, 152.

[52] Andrae, Marktmacht, S. 81.

[53] Andrae, Marktmacht, S. 82.

[54] Andrae, Machtkonflikt, S. 45.

schnell ändern, daß eine originäre Marktmacht in kürzerer Zeit in ihrem Gewicht hinter eine entstandene Gegenmacht zurückfallen kann. Andrae selbst hat dargestellt, daß Machtpositionen durch die Faktoren Machtverschleiß, Machtverlagerungen und Machtverschiebungen[55] ständigen Veränderungen unterworfen sind. Wenn dem so ist, wie soll dann ein ständiger Machtausgleich erreicht werden?

Zum Dritten wird sich eine Machtspirale auch wegen der heterogenen Zusammensetzung der Anbieter oder Nachfrager nicht vermeiden lassen: Schließen sich zahlreiche kleine Anbieter gegen einen marktmächtigen Nachfrager zusammen, so mag diesem gegenüber ein Gleichgewicht bestehen. Ein Machtüberhang kann sich jedoch gegenüber weiteren kleinen Nachfragern ergeben, so daß diese sich gezwungen sehen, wiederum ein Abwehrkartell zu bilden. Schuhmacher will dieser Tendenz entgegenwirken, indem eine Kartellierung nur gegenüber dem marktmächtigen Unternehmen zulässig sein soll[56] und zweitens auch das Gegengewichtskartell nur wettbewerbsanaloge Leistungen aushandeln dürfe[57]. Damit mag zwar konstruktiv das Problem gelöst sein, für die praktische Anwendung bestehen jedoch Bedenken:

Treten mehrere Anbieter in einem Teilbereich gemeinsam auf, so ist die große Wahrscheinlichkeit nicht von der Hand zu weisen, daß die Marktmacht auch gegenüber sonstigen Marktpartnern eingesetzt wird. Sollte eine Übermachtsbildung des Abwehrkartells durch Auflagen und Bedingungen untersagt werden[58], so ergibt sich die Notwendigkeit einer Kontrolle der Einhaltung der Auflagen durch die Kartellbehörden. Weiterhin müßten die Kartellbehörden das Abwehrkartell dahingehend überwachen, daß dieses nur wettbewerbsanaloge Leistungen durchsetzt. Die Aufsichtsbehörden hätten damit nicht nur eine Mißbrauchsaufsicht über die originäre Marktmacht auszuüben, sondern auch über das Abwehrkartell. Angesichts dieser auch von Schuhmacher einkalkulierten Entwicklung erscheint sein Konzept widersprüchlich: Einerseits hält er die Mißbrauchsaufsicht nach § 22 GWB für wenig praktikabel[59], andererseits tritt er für die Schaffung von Machtpositionen ein, von denen er selbst sagt, daß sie einer Mißbrauchsaufsicht bedürfen[60]. Die Problematik der Übermachtsbildung zu Lasten kleiner Unternehmen auf der Marktgegenseite ist daher nicht gelöst.

---

[55] Andrae, Machtkonflikt, S. 66 ff.; ders., Marktmacht, S. 93 f.

[56] Schuhmacher, ZHR 1976, S. 317, 346, 353.

[57] Diese Absicht ergibt sich aus der Forderung Schuhmachers, Mißbrauch durch Auflagen, Bedingungen und Kartellamtsaufsicht zu verhindern: Schuhmacher, ZHR 1976, S. 317, 353.

[58] Schuhmacher, ZHR 1976, S. 317, 353.

[59] Schuhmacher, ZHR 1976, S. 317, 349 f.

[60] Schuhmacher, ZHR 1976, S. 317, 353.

Schließlich wird das „Hinaufschaukeln“ von Macht und Gegenmacht auch durch den Umstand gefördert, daß für die Unternehmen und Interessenverbände die „Abwehrbildung“ ein willkommener Deckmantel ist, aggressive Übermachtsbildung zu betreiben. Ein Beispiel eines solchen gegenseitigen Hinaufschaukelns kann man einem Aufsatz Sölters über die Nachfragemacht entnehmen[61]: Sölter zitiert den Präsidenten der Hauptgemeinschaft des Deutschen Einzelhandels, Hans Schmitz, mit dessen Forderung, der Handel müsse eine Abwehrfront gegen die Industrie bilden. Für Sölter als Vertreter der Industrie ist dies wiederum der Aufhänger, gegen die Nachfragemacht des Handels die „zersplitterte Angebotsseite“ zur Bildung von Angebotsmacht aufzufordern.

Die Gefahr einer stetigen Vermachtung der Märkte mit dem (un)berechtigten Hinweis auf die Marktgegenseite ist offensichtlich.

b) Die Rolle des Staates bei der Gegengewichtsbildung

Die ständige Notwendigkeit, eine Machtspirale zu verhindern und Übermachtbildung nicht zuzulassen, zeigt, daß das Ziel einer Entlastung des Staates durch die Gegengewichtsbildung nicht erreichbar ist, da der Staat auf die sich ständig ändernden Machtpositionen in zweifacher Weise zu reagieren hätte:

Zunächst müßte der Staat ständig Machtmessungen durchführen, um als oberster Schiedsrichter darauf zu achten, „daß sich Macht und Gegenmacht stets die Waage halten“[62].

Aber nicht nur zu messen und zu ordnen hätte der Staat im Gegengewichtssystem, sondern er müßte außerdem Machtsalden dann ausgleichen, wenn ein anderer Ausgleich im Wege der Selbsthilfe nicht möglich ist oder nur unzureichend erfolgt, ein Gedanke, der sich nicht nur bei Galbraith findet[63]. Damit wird der Staat zur „Dritten Macht“[64], die Interessen organisieren muß, Gegenmacht der Verbraucher z. B. in Form von Warentest-Instituten zu etablieren hat[65] und somit ständig Marktmacht ausüben muß.

Unter diesen Bedingungen aber, wird der Staat mehr beansprucht werden, als dies im Rahmen der bisherigen Wettbewerbspolitik in der Bundesrepublik Deutschland der Fall war, da es bei dieser im wesent-

---

[61] Sölter, MA 1961, S. 337, 368.

[62] Andrae, Machtkonflikt, S. 61.

[63] Galbraith, S. 128; Andrae, MA 1962, S. 628, 633; Sölter, MA 1962, S. 357, 368.

[64] Sölter, MA 1962, S. 357, 368.

[65] Glahe, S. 141.

lichen nur darum ging, den Mißbrauch marktbeherrschender Unternehmen und unzulässige Wettbewerbsbeschränkungen zu verhindern.

Abgesehen davon, daß damit das Ziel einer Entlastung des Staates nicht erreichbar ist, erscheint auch die Durchsetzbarkeit des Konzepts des Machtausgleichs fraglich: „Das Vertrauen schließlich auf die Macht des Staates, das Gemeinwohl gegenüber einer durchgängig monopolisierten Privatwirtschaft durchzusetzen, ist realsoziologisch nicht begründbar[66]."

Im Ergebnis ist daher das Ziel einer subsidiären Staatstätigkeit durch eine Förderung der Gegengewichtsbildung nicht erreichbar.

c) Einigung zu Lasten Dritter

Sowohl die Gerechtigkeitsziele als auch das Ziel der Vermeidung soizaler Spannungen könnten wegen des Phänomens, das die Kritiker „Einigung zu Lasten Dritter" nennen, im Wege der Gegengewichtsbildung letztlich nicht erreichbar sein.

aa) Gründe für eine Einigung zu Lasten Dritter

Durch die Gegengewichtsbildung entsteht im Grenzfall, der hier zur analytischen Verdeutlichung herangezogen wird, ein bilaterales Monopol. Da in diesem der Gewinn des einen Monopolisten nur auf Kosten des anderen gesteigert werden kann, zeichnet sich das bilaterale Monopol auf Grund der Gefahr von Machtkämpfen durch eine große Labilität aus[67]. Das Machtgleichgewicht kann, verbunden mit gesamtwirtschaftlichen Schäden, zerbrechen. Das Gleichgewicht bleibt nur dann bestehen, wenn es der originären und der gegengewichtigen Marktmacht gelingt, sich zu Lasten Dritter zu verbünden. Da das Sicherheitsstreben sehr hoch anzusetzen ist, Monopolkämpfe aber äußerst selten sind, besteht eine hohe Wahrscheinlichkeit für eine solche Einigung zu Lasten Dritter, die nicht in der Lage sind, ihrerseits wieder Gegenmacht aufzubauen[68].

Von den Befürwortern einer Gegengewichtsbildung werden diese Befürchtungen mit dem Hinweis zurückgewiesen, man wolle nicht die totale Monopolisierung der Wirtschaft, das bilaterale Monopol sei lediglich ein theoretischer Grenzfall[69]. Selbst wenn man diesen Ein-

---

[66] Säcker, BB 1967, S. 681, 689.

[67] Lenel, S. 84; vgl. auch die gemeinsame Erklärung der Autoren des von Mestmäcker herausgegebenen Sammelbandes „Wettbewerb als Aufgabe", S. 9.

[68] Säcker, Genossenschaften, S. 212.

[69] Andrae, Machtkonflikt, S. 63: „In der Regel entstehen bilaterale Oligopole, in seltenen Fällen bilaterale Monopole."

wand akzeptiert und annimmt, die Gegengewichtsbildung führe nicht zu einer totalen Monopolisierung der Wirtschaft, so gelten die Erkenntnisse über das bilaterale Monopol zumindest für die Fälle, in denen die Gegengewichtsbildung zu einem engen Oligopol einiger weniger Unternehmensgruppen führt. Da bei einer solchen Marktstruktur das Bewußtsein des Reaktionszusammenhangs schnell zu einem abgestimmten Oligopolverhalten führt, unterscheidet sich die Wirkungsweise einer stark oligopolisierten Wirtschaft kaum von jener eines bilateralen Monopols[70].

Die Gefahr einer Einigung zu Lasten Dritter ist lediglich in den Fällen wenig wahrscheinlich, in denen die Gegengewichtsbildung auch auf den einzelnen Wirtschaftsstufen intensiven Wettbewerb bestehen läßt, z. B. im weiten Oligopol.

Der Zusammenschluß von originärer Macht und Gegenmacht zu Lasten Dritter ist somit für den Fall der Bildung von bilateralen Monopolen oder engen Oligopolen nicht auszuschließen. Andrae hält allerdings eine solche Ausbeutung Dritter mit dem Hinweis auf das Unternehmerverhalten für wenig wahrscheinlich[71]. Die Unternehmer, so seine Argumentation, verfolgen nicht Gewinnmaximierung, sondern ein Bündel von Zielen. Dies verhindere eine eindeutig gewinnorientierte Ausbeutung. Richtig ist an diesem Einwand die Feststellung, daß die in der traditionellen Wirtschaftstheorie unterstellte monistische Zielorientierung des Unternehmers auf das Ziel Gewinn empirisch nicht nachzuweisen ist, bestehen doch auch weitere Ziele wie Macht, soziale Anerkennung etc.[72].

Die empirische festzustellende pluralistische Zielsetzung vieler Unternehmer bedeutet jedoch nicht einen Verzicht auf das Ziel der Gewinnmaximierung. Dieses wird vielmehr unter Beachtung von Nebenbedingungen weiterverfolgt. Auch ist denkbar, daß kurzfristig andere Ziele verfolgt werden, um langfristig um so nachhaltiger den Gewinn zu sichern. Wenn die Behauptung Andraes zutreffen würde, daß Unternehmer weitgehendst auf Gewinnmaximierung verzichten, so stellt sich die Frage, worin überhaupt der Ruf nach Gegengewichtsbildung begründet ist. Denn dann dürften nach der Behauptung Andraes auch die Unternehmen, die originäre Marktmacht ausüben, kaum Veranlassung zur Ausbeutung gehabt haben, da sie doch weitgehend — so Andrae — auf Gewinnmaximierung verzichten.

Die Argumentation erscheint hier nicht schlüssig. Mit dem Hinweis auf ein falsch eingeschätztes Unternehmerverhalten wird den Gegen-

[70] Seraphim, S. 105 f.

[71] Andrae, MA 1962, S. 628, 633 f.

[72] Vgl. Heinen, S. 28 ff. und 59 ff. m. w. N.

gewichten gemäßigtes Verhalten unterstellt, während andererseits ein ausbeuterisches Verhalten als Anlaß zum Ruf nach Gegengewichten gedient hat.

Realistisch erscheint es vielmehr, das Gewinnstreben in einer Marktwirtschaft nicht zu unterschätzen, so daß eine Ausbeutung Dritter keinesfalls als unwahrscheinlich erscheint[73].

bb) Vor- oder nachgelagerte Wirtschaftsstufen als Betroffene der Einigung zu Lasten Dritter

Die Belastung Dritter kann zunächst die nachgelagerte Produktions- oder Verbrauchsstufe treffen. Eine Weiterwälzung der Last auf die Nachfrager durch erhöhte Preise erscheint insbesondere auf die Endverbraucher möglich, da dort die Interessen der Nachfrager am wenigsten organisiert sind[74]. Macroökonomisch resultiert daraus entweder eine inflationäre Entwicklung, oder der Staat muß eine ständige Politik der leichten Unterbeschäftigung verfolgen, um die Preiserhöhungen durch eine restriktive, tendenziell deflatorische, Wirtschaftspolitik zu dämpfen. Beide Alternativen sind, gemessen an den wirtschaftspolitischen Zielen der Preisstabilität und der Vollbeschäftigung, nicht erstrebenswert[75].

Aber auch die Rückwälzung der im bilateralen Verhältnis ausgehandelten „befriedigenden Gewinne" auf die Lieferanten der vorgelagerten Wirtschaftsstufe ist nicht ausgeschlossen, sofern der Verbund beider Marktstufen Nachfragemacht entwickeln kann. Die Rückbelastung der vorgelagerten Produktionsstufe erfolgt dann durch einen Preisdruck, der durch Nachfragemacht ausgeübt wird.

Die Ausbeutung vor- oder nachgelagerter Marktstufen wird somit durch die Gegengewichtsbildung begünstigt. Ein Interessenausgleich im Einzelfall — zwischen den beteiligten Kontrahenten — besagt daher noch nicht, daß die Gegengewichtsbildung in ihren gesamten Auswirkungen positiv zu beurteilen ist[76]. Ein Abbau sozialer Spannungen im gesamten System ist keineswegs sicher, es können sogar zusätzliche Spannungen entstehen[77].

---

[73] Dieser Einwand wurde auch auf der Zivilrechtslehrertagung 1965 erhoben. Vgl. Diederichsen, AcP 166 (1966), S. 142, 145.

[74] Kantzenbach, Funktionsfähigkeit des Wettbewerbs, S. 150; Säcker, BB 1967, S. 681, 688 verweist in diesem Zusammenhang auf das Beispiel des Arbeitsmarktes, auf dem sich die Tarifparteien vielfach zu Lasten der unorganisierten Verbraucher auf eine monopolistische Gewinnmaximierung einigten. So auch das Gutachten des wissenschaftl. Beirates beim BMWi, BT.-Dr. IV/617, S. 90.

[75] Schuhmacher, ZHR 1976, S. 317, 330 f.

[76] Schreiber, S. 60.

[77] Miller, S. 15 ff.

Aber nicht nur das Ziel der Verringerung sozialer Spannungen wird bei Drittbelastung nicht erreicht, auch die Gerechtigkeitsziele bleiben unerfüllt. Denn an die Stelle der Ausbeutung zwischen den Kontrahenten tritt die Ausbeutung durch die Kontrahenten zu Lasten Dritter. „Eine gleichmäßige Einkommensverteilung ist noch nicht dadurch gewährleistet, daß dem Anbieter mit Monopolstellung auf der Nachfrageseite ein gleichstarker Partner erwächst, der ihn daran hindert, Monopolpreise zu stellen. Insofern kann zwar der Preis im bilateralen Monopol für den Abnehmer niedriger als beim einseitigen Monopol sein. Der Abnehmer ist aber nicht immer identisch mit dem Letztverbraucher, und die Weitergabe der Preisvorteile versteht sich, wie bereits des öfteren erörtert, nicht von selbst[78]."

cc) Läßt sich die Belastung Dritter vermeiden?

Von den Befürwortern der Gegengewichtsbildung wird die Belastung Dritter aus drei Gründen für unwahrscheinlich gehalten:

(1) Wettbewerbliche Gegengewichte

Zunächst wird auf die „wettbewerblichen Gegengewichte" der „latenten inneren Konkurrenz, der Außenseiter, des Auslandes, des technischen Fortschrittes, der Substitutionskonkurrenz, der Drohung mit Eigenproduktion, der totalen Konkurrenz um die Gunst der Verbraucher, der Entwicklung der Nachfragestruktur, der Konjunkturlage usw."[79] verwiesen.

Während das Versagen des Wettbewerbs beklagt wird[80], wenn es gilt, die Gegengewichtsbildung zu fordern, wird hier mit dem Hinweis auf die wettbewerblichen Gegengewichte die Wirksamkeit des Wettbewerbs nicht angezweifelt, um den Gegengewichtsgedanken zu stützen. Es dürfte realistisch sein, auch gegenüber dem Regulativ des „totalen Wettbewerbs"[81] durch Substitutionsgüter, durch Außenseiter oder Drohung mit Eigenproduktion eine gewisse Skepsis zu üben, zumal die durch die Gegengewichtsbildung angestrebte Vermachtung der Märkte möglicherweise die Wettbewerbsintensität herabsetzt. Hinzu kommt, daß gerade die Gegengewichtsbildung durch Gegenseitigkeitsverträge etc. den letzten wirksamen Außenseiter- oder Substitutionswettbewerb beseitigen kann, so daß dann eine denkbare Kontrolle durch „wettbewerbliche Gegengewichte" vollständig unmöglich wird.

---

78 Schreiber, S. 58 f.

79 Sölter, DB 1964, S. 1251, 1254; ders., Rabattkartell, S. 61; ders., Nachfragemacht, S. 48 f.

80 Sölter, WuW 1974, S. 657 f.

81 Sölter, Rabattkartell, S. 61.

(2) Öffentliche Meinung

Zweitens, so wird argumentiert, sei die öffentliche Meinung ein wirksamer Garant gegen eine mißbräuchliche Handhabung der Gegengewichtsbildung[82]: „Im Kampf zweier Monopolisten, in dem jeder ... die Reaktion der öffentlichen Meinung berücksichtigen muß, gibt es unter Umständen zwar noch einen Profit, keinesfalls aber einen Monopolprofit[83]." Ob diese optimistische Erwartung in Anbetracht mancher Tarifabschlüsse, die sich zu Lasten der Verbraucher auswirkten, von diesen geteilt würde, kann bezweifelt werden. Der Druck der öffentlichen Meinung soll nicht negiert werden; diese aber als wirksames Anti-Mißbrauchs-Instrument zu bemühen, erscheint irreal[84].

(3) Kartellamtsaufsicht

Im Ergebnis bleibt schließlich der Ruf nach der Kartellamtsbürokratie[85], die ursprünglich durch die Gegengewichtsbildung eine Entlastung erfahren sollte. Dabei erscheint die optimistische These Andraes, schon die Präsenz des Staates übe eine abschreckende Wirkung aus[86], angesichts der in der Vergangenheit immer wieder notwendigen Mißbrauchsverfahren[87] praxisfern.

Selbst wenn eine gesetzliche Handhabe gegen mißbräuchliche Ausübung von Marktmacht durch Gegengewichte vorhanden sein sollte, sind damit Verstöße gegen die entsprechenden Mißbrauchsverbote nicht ausgeschlossen: Das Kartellamt kann bei Mißbräuchen immer erst eingreifen, wenn der Mißbrauch bereits erfolgt ist. Darüber hinaus gelten alle jene Vorbehalte gegen die bisherige Mißbrauchsaufsicht, die von den Befürwortern der Gegengewichtsbildung angeführt werden.

Aus diesen Gründen erscheint auch die Überzeugung Schuhmachers, „eine wohlverstandene Politik der gegengewichtigen Marktmacht" könne „die Belastungsmöglichkeiten unbeteiligter Dritter ausschalten"[88], als sehr fragwürdig.

---

[82] Sölter, DB 1964, S. 1251, 1254; ders., MA 1961, S. 337, 366; ders., MA 1962, S. 357, 368; Andrae, Machtkonflikt, S. 65.

[83] Andrae, Machtkonflikt, S. 66.

[84] Vgl. auch die Kritik von Säcker, BB 1967, S. 681, 689.

[85] Sölter, DB 1964, S. 1251, 1254.

[86] Andrae, Machtkonflikt, S. 66.

[87] So wurden bis zum 31. 12. 1978 seit der Schaffung des GWB 5065 Mißbrauchsverfahren vom BKartA und 3156 Verfahren von den Landeskartellbehörden eingeleitet. Von diesen Verfahren konnten 1278 bzw. 745 eingestellt werden, nachdem der Mißbrauch abgestellt wurde, in 256 bzw. 29 Verfahren ergingen Verfügungen. Vgl. TB 1978, BT.-Dr. 8/2980, S. 204 - 206.

[88] Schuhmacher, ZHR 1976, S. 317, 332.

Schuhmacher selbst stellt fest, daß angesichts der subtilen Ausbeutungsmethoden und der vielfältigen Ausweichmöglichkeiten wenig Anlaß zur Hoffnung auf eine wirksame Mißbrauchskontrolle bestände[89]. Wenn die Kritik Schuhmachers an der Mißbrauchsaufsicht berechtigt sein sollte — und hier gibt ihm zumindest die bisherige Mißbrauchskontrolle gegen Nachfragemacht Recht[90] —, so ist es um so bedenklicher, die Bildung weiterer Machtzentren in der Wirtschaft zu forcieren. Denn die Kritik zeigt, daß die erhoffte gegenseitige Kontrolle der Gegenkräfte die Ausbeutung Dritter nicht verhindert. Damit muß das Konzept der „staatlich sanktionierten Selbsthilfe"[91] schon in seinem Grundgedanken angezweifelt werden. Die Gegengewichtsbildung scheint jedenfalls weigehend die Ziele Gerechtigkeit, sozialer Ausgleich, Verhinderung von Machtmißbrauch und Entlastung des Staates nicht zu erfüllen[92].

II. Die Gegengewichtsbildung im Zielsystem des Wettbewerbs

1. Die Auswirkungen der Gegengewichtsbildung auf den Wettbewerb

a) Allgemeine horizontale Wirkungen der Gegengewichtsbildung

Bereits bei der Abgrenzung Gegenwicht—Nebengewicht[93] wurde darauf hingewiesen, daß die Gegengewichtsbildung, da sie in Form eines Zusammenschlusses von Wirtschaftssubjekten gleicher Wirtschaftsstufe erfolgt, Auswirkungen auf den Wettbewerb zwischen diesen Wirtschaftssubjekten hat.

Benisch weist zu Recht darauf hin, daß dieser Zusammenschluß die Wettbewerbsintensität herabsetzen oder erhöhen kann[94]. Er stellt fest, daß „allgemeine Aussagen über die Auswirkungen der Gegengewichtsbildung auf den Wettbewerb der Beteiligten oder von Dritten nicht möglich sind, und zwar auch nicht, soweit durch die Gegengewichtsbildung eine erhebliche Verringerung der Marktteilnehmer eintritt. Die Beurteilung hängt in jedem Falle von den Machtverhältnissen und dem Marktverhalten der Gegengewichte ab[95]." Dies bedeutet aber, daß der Wettbewerb zwischen den nun größer gewordenen Einheiten (= Grup-

---

[89] Schuhmacher, ZHR 1976, S. 317, 349; vgl. auch die Kritik von Sölter, DB 1964, S. 1251, 1254.

[90] Die Monopolkommission, Sondergutachten 7, S. 101, stellt fest, daß die Mißbrauchsaufsicht in den zwanzig Jahren ihrer Geltung auf Nachfrager nicht angewandt wurde.

[91] Schuhmacher, ZHR 1976, S. 317, 350.

[92] Ähnlich ablehnend Mestmäcker, ORDO XIII, S. 233, 245.

[93] Siehe oben A I.

[94] Benisch, Grundlagen, S. 110.

[95] Benisch, Grundlagen, S. 112.

penwettbewerb) nicht notwendigerweise ebenso wirksam sein muß wie vor der Bildung des Abwehrkartells[96]. Die Wettbewerbsintensität kann durch den Zusammenschluß vieler kleiner unbedeutender Marktteilnehmer möglicherweise erhöht werden[97], sie kann aber auch, wenn ein enges Oligopol oder gar ein Monopol entstehen sollte, zurückgehen. Eine unbeschränkte Gegengewichtsbildung, wie sie Sölter wiederholt forderte[98], kann jedenfalls bei zu starker horizontaler Vermachtung den Wettbewerb ausschalten.

b) Herabsetzung der Wettbewerbsintensität durch kollusives Verhalten zu Lasten von Konkurrenten

Die Gefahr einer horizontalen Wettbewerbsbeschränkung durch Gegengewichtsbildung ist um so größer, je mehr es zu einer Verständigung der beiden gleichgewichtigen Marktpartner zu Lasten von Konkurrenten kommt. Eine solche Verständigung zweier Marktstufen in Form von vertikalen Bindungen wird begünstigt durch die Machtkonzentration als Folge der Gegengewichtsbildung: Sind erst beide Marktseiten (originäre und gegengewichtige Macht) weitgehend kartelliert, so erleichtert dies vertikale Absprachen[99].

Die Verschlechterung der Wettbewerbssituation durch vertikale Abreden ist vor allem aus folgenden Gründen möglich:

Denkbar ist zum einen ein Sog in das Kartell der jeweiligen Wirtschaftsstufe mit der Folge einer Erstarrung des Wettbewerbs. Zwar wäre ein Zwang zum Beitritt in das Kartell durch § 25 III GWB ausgeschlossen, doch kann sich ein faktischer Sog in das Kartell aus den engen Beziehungen der Branchenorganisationen ergeben. Dabei bedarf es keiner vereinbarten Verpflichtung der Anbieter, die gebundenen Nachfrager immer günstiger zu behandeln als Nichtmitglieder der vertikalen und damit zugleich horizontalen Vereinbarung, ein Verhalten, das u. U. auch gegen § 22 IV oder 26 II GWB verstoßen würde[100]. Denkbar sind hier subtilere Methoden der gegenseitigen Bevorzugung der Kartellmitglieder, sei es, daß Produzenten bereitwilliger auf Sonderwünsche von kartellgebundenen Nachfragern eingehen, sei es, daß Aufträge bevorzugt erfüllt werden oder Garantieleistungen kulanter er-

---

[96] Nach Andrae, MA 1962, S. 628, 632 verschiebt sich der Wettbewerb lediglich auf eine höhere Ebene.

[97] Schreiber, S. 62 f.

[98] Sölter, MA 1962, S. 357, 364; ders., DB 1964, S. 1251, 1252.

[99] Daß eine vertikale Bindung eine gewisse Machtkonzentration auf beiden Seiten voraussetzt, stellt die schweizerische Preisbildungskommission, S. 91 fest.

[100] Zu den verschiedenen Arten vertikaler Vereinbarungen einschließlich Ausschließlichkeitsabreden, Schweizerische Preisbildungskommission, S. 93 ff.

bracht werden. Sofern außenstehende Unternehmen nicht benachteiligt werden wollen, müssen sie dem Kartell beitreten.

Zum zweiten kann sich eine Verschlechterung der Wettbewerbssituation aus der Beseitigung der Außenseiterkonkurrenz sowie der Abschreckung potentieller Konkurrenten ergeben[101]. Die Gegengewichtsbildung dient dann nicht mehr der Kontrolle der Marktgegenseite, sondern der Schließung des eigenen Marktes. Die „institutionelle Paarung von Wirtschaftsmacht mit dem Ziel gegenseitiger Kontrolle“ hat „die Tendenz, alles aus dem betroffenen Bereich fern zu halten, das geeignet ist, das Gleichgewicht zu stören“[102]. Im Sinne dieser Zielsetzung werden Außenseitern und Newcomern die Wege zu Bezugs- oder Absatzmärkten versperrt. Auch hierzu bedarf es nicht der klassischen Form sogenannter Gegenseitigkeits- oder Ausschließlichkeitsverträge, die nicht nur der Mißbrauchsaufsicht nach § 18 GWB unterliegen, sondern deren Erfüllung im Falle einer Vermachtung der Märkte auch ein Verstoß gegen das Diskriminierungsverbot des § 26 II GWB darstellen kann[103]. Vielmehr sind im Rahmen der technischen Zusammenarbeit zwischen Hersteller und Abnehmer Rücksichtnahmen und Bindungen möglich, deren diskriminierender Charakter für außenstehende Konkurrenten nur schwer nachzuweisen ist. So ist es einem Nachfrager ohne weiteres möglich, seine Nachfrage durch solche Merkmale zu charakterisieren, daß sie nur auf das Produkt des vertikal verbundenen Anbieters paßt und Außenseiteranbieter ausgeschlossen bleiben.

Die Wettbewerbsintensität wird schließlich auch dann durch eine vertikale Absprache gemindert, wenn der vertikale Interessenausgleich Sanktionsmöglichkeiten gegen unliebsame Wettbewerber ermöglicht. In diesem Fall wird die Ausschließlichkeitsvereinbarung bzw. ein dieser gleichwertiges faktisches Verhalten dann praktiziert, wenn Firmen als „geschäftsunwürdig“ gemeldet werden[104]. Dabei können die betroffenen Unternehmen einerseits Mitglieder des horizontalen Kartells, andererseits auch Außenseiter sein. Im ersten Fall dient die vertikale Verbindung der Disziplinierung der Kartellmitglieder. Die dort ausgesprochenen oder stillschweigend gehandhabten Sanktionen in Form von Bezugs- oder Abnahmesperren sind wesentlich wirksamer als rein horizontale Vergeltungsmaßnahmen, da ein Boykott oder eine Sperre an der Existenzgrundlage einer Unternehmung rührt[105]. Im zweiten Fall, der Disziplinierung von Außenseitern, können drohende

---

101 Biedenkopf, WuW 1968, S. 3, 8 ff.

102 Biedenkopf, WuW 1968, S. 3, 9.

103 Emmerich, Einführung, S. 152 f.

104 Schweizerische Preisbildungskommission, S. 95 f.

105 Schweizerische Preisbildungskommission, S. 98.

vertikale Sanktionen das gleiche stromlinienförmige Verhalten bewirken, als seien die Außenseiter Mitglieder des Kartells.

Die hier genannten Sanktionen mögen den Tatbestand des § 26 I GWB oder auch des § 26 II GWB erfüllen, damit verboten sein und deshalb als unwahrscheinlich gelten. Trotzdem können Verstöße dieser Art nicht ausgeschlossen werden, zumal der Nachweis des entsprechenden kollusiven Verhaltens nicht immer einwandfrei zu führen ist. In allen genannten Fällen, in denen dritte Wettbewerber belastet werden, verliert der Wettbewerb wegen der Dämpfung der dem Wettbewerbsprozeß immanenten Vorstöße an Dynamik.

Zusammenfassend läßt sich zu dem kollusiven Verhalten zu Lasten der Konkurrenten feststellen: Zwar mögen schon rein horizontale Bindungen den Wettbewerb stark beeinträchtigen, die Wettbewerbsbeschränkung ist jedoch selten eine totale, da regelmäßig noch Außenseiterkonkurrenz vorhanden ist. Kommt jedoch zu der horizontalen Absprache eine vertikale, zwischenstufliche Vereinbarung hinzu, so läßt sich der Wettbewerb so gut wie ganz unterbinden[106]. Die Chance zu einer vertikalen Absprache ist gering, solange eine Marktseite nicht kollektiv organisiert ist. Die Zusammenfassung zu Branchenorganisationen ermöglicht aber vertikale Vereinbarungen. Dies legt den Schluß nahe, daß die Gegengewichtsbildung tendenziell eher die Wettbewerbsintensität herabsetzt, als daß diese erhöht wird, wie es Sölter in seinem Konzept des Gruppenwettbewerbs voraussagt[107]. Mit Berechtigung stellt Kronstein zu dieser dargelegten Wirkungsweise des Gegengewichtskonzepts fest: „Was bisher zum Zwecke der Defensive vereinbart war, wird ... zu einer vereinbarten Regelung zwischen den Angreifern und den Angegriffenen[108].“

2. Gegengewichtsbildung und Wettbewerbsziele

Gegengewichtsbildung kann sich nach den bisherigen Ausführungen negativ auf die Wettbewerbsintensität auswirken. Dies wäre dann hinzunehmen, wenn die Gegengewichtsbildung an Stelle des Wettbewerbs dessen Ziele erfüllen könnte, so daß im Ergebnis keine Wohlfahrtseinbußen zu verzeichnen wären. Im folgenden ist daher die Gegengewichtsbildung am Maßstab der Wettbewerbsziele zu messen.

a) Die Ziele des Wettbewerbs

Welchen Zielen der Wettbewerb dienen soll, d. h., welche Funktionen er erfüllen soll, wird in der Wirtschaftswissenschaft unterschiedlich

[106] Schweizerische Preisbildungskommission, S. 90.
[107] Sölter, MA 1962, S. 357, 362 f.
[108] Kronstein, S. 132.

beantwortet. Umfangreicheren Zielkatalogen, wie z. B. bei Clark[109], stehen komprimiertere Zielsysteme wie jenes von Kantzenbach gegenüber[110]. Während Clark zehn Zielfunktionen nennt[111], beschränkt sich Kantzenbach auf folgende fünf ökonomische Wettbewerbsfunktionen[112]:

— optimaler Faktoreinsatz

— Lenkung der Produktion nach den Bedürfnissen

— Förderung des technischen Fortschritts

— Flexibilität des Wirtschaftssystems auf Datenänderungen

— leistungsgerechte Einkommensverteilung.

Der Vorteil dieses Zielkatalogs von Kantzenbach besteht darin, daß die einzelnen Zielsetzungen nicht weiter zusammenfaßbar sind, Kantzenbach somit die eigentlichen Hauptziele unter Verzicht weiterer denkbarer Unter- oder Zwischenziele herausgearbeitet hat. Die von ihm genannten ökonomischen Wettbewerbsfunktionen sind daher in der Wettbewerbstheorie auch überwiegend anerkannt[113].

Strittig ist allerdings, inwieweit das außerökonomische Ziel der Freiheitssicherung in den Zielkatalog aufzunehmen ist. Das Ziel der Freiheitssicherung kann grundsätzlich in zwei Richtungen angestrebt werden:

Zum einen will man die Freiheit im vertikalen Austauschprozeß zwischen den Marktstufen sichern[114]. So soll der Abnehmer unter einem möglichst vielfältigen Angebot wählen können. Umgekehrt soll der Anbieter nicht von einem oder nur von wenigen Nachfragern abhängig sein.

Zum anderen will man die Freiheit in den Parallelprozessen, also zwischen mehreren Anbietern oder mehreren Nachfragern, sichern[115]. Hier besteht die Freiheit darin, möglichst unabhängig von Konkurrenten über die eigenen Aktionsparameter bestimmen zu können, z. B. über die Preisstruktur des eigenen Angebotes.

---

109 Clark, S. 63 ff.

110 Kantzenbach, Die Funktionsfähigkeit des Wettbewerbs, S. 16 ff.

111 Clark, S. 63 ff.: connection between gain and serviceability; survival of competition; allocation as a dynamic process; productive efficiency; product differentation; diffusion of the gains of progress; elimination of inefficient elements; facilitation of high and stable employment; business freedom desired for its own sake and freedom of purchasers to relax market vigilance.

112 Kantzenbach, Die Funktionsfähigkeit des Wettbewerbs, S. 16 ff.

113 Schmidt, Ingo, S. 32 ff.

114 Hoppmann, Definition des Wettbewerbs, S. 40.

115 Hoppmann, Definition des Wettbewerbs, S. 40.

Nach Kantzenbach ist das Ziel der Freiheitssicherung nicht in den Zielkatalog mitaufzunehmen, weil der Einfluß des Wettbewerbs auf die Entfaltungsmöglichkeiten der persönlichen Freiheit im Einzelfall nicht klar erfaßbar sei[116].

Selbst wenn eine solche Erfaßbarkeit im Einzelfall nicht möglich sein sollte, schließt dies eine generelle Entscheidung der Wirtschaftspolitik auch zugunsten der Freiheitssicherung nicht aus. Vielmehr ist der Prozeß der Zielsetzung als solcher unabhängig von der Meßbarkeit des Zielerreichungsgrades im Einzelfall. Ein Ziel ist nicht deswegen wirtschaftspolitisch bedeutungslos, weil das Maß der Erfüllung nur schwer nachprüfbar ist. Gerade das Ziel individueller Freiheit ist in einer Marktwirtschaft einer der wesentlichen Orientierungspunkte wirtschaftspolitischen Handelns.

Daher hat auch die überwiegende Meinung in der Wissenschaft das Ziel „Freiheitssicherung durch Gewährleistung der wirtschaftlichen Handlungs- und Entscheidungsfreiheit" bejaht[117].

Wettbewerbsziele sind somit die fünf ökonomischen Funktionen sowie die außerökonomische Funktion der Freiheitssicherung.

b) Der Einfluß der Gegengewichtsbildung auf die Wettbewerbsziele

aa) Gegengewichtsbildung und ökonomische Wettbewerbsziele

Bei zahlreichen Verfechtern des Gegengewichtskonzeptes klingt an, daß die Bildung von Abwehrkartellen sogar ein Instrument zur Leistungssteigerung sei[118]. Die modernen Konzentrationserscheinungen in Form von Zusammenschlüssen oder Kooperationen seien Voraussetzung für wirtschaftliche Expansion, Wachstum und technischen Fortschritt[119].

Wesentliche Grundlage dieser These ist die Annahme, daß Großbetriebe oder großbetriebliche Unternehmensformen die unausweichliche Folge der technischen Expansion seien und größere Unternehmenseinheiten bzw. die Zusammenlegung bestimmter Unternehmensfunktionen z. B. auch in Form von Abwehrkartellen (Syndikaten etc.) produktiver und leistungsfähiger seien. In diesem Zusammenhang wird auf die Vorteile der Massenproduktion, der zentralisierten Reserven,

---

116 Kantzenbach, JfNSt Bd. 181 (1967), S. 193, 201, 203.

117 Hoppmann, Zs. d. Bernischen Juristenvereins, Bd. 102 (1966), S. 149 f.; ders., Definitionen des Wettbewerbs, S. 14 ff.; Schmidt, Ingo, S. 39; Giersch, S. 67.

118 Sölter, DB 1964, S. 1251, 1252; ders., MA 1962, S. 357, 359 ff.

119 Andrae, Machtkonflikt, S. 42.

der günstigeren Einsatzmöglichkeiten neuer Technologien etc. verwiesen[120].

Obwohl bestimmte Vorzüge größerer Unternehmenseinheiten nicht bestritten werden können, muß vor einer Generalisierung dieser Thesen gewarnt werden[121]. Denn den Vorteilen großbetrieblicher Unternehmensformen stehen spezifische Nachteile gegenüber, wie z. B. übermäßige Organisationskosten oder die wegen der Unternehmensgröße auftretenden Informationsverluste innerhalb des Unternehmens.

In der Tat haben Untersuchungen zu den Bereichen Unternehmensgröße und Leistungsfähigkeit sowie Unternehmensgröße und technischer Fortschritt die These von der Notwendigkeit und Zwangsläufigkeit größer werdender Unternehmenseinheiten erschüttert.

So kommt Petry[122] in einer Untersuchung über technischen Fortschritt, Integration, internationale Wettbewerbsfähigkeit und Unternehmensgröße zu folgenden Ergebnissen:

— Die langfristige Stückkostenkurve ist nur bis zu einem bestimmten Produktionspunkt fallend, danach aber wieder steigend. Das Betriebsoptimum (= Minimum der Stückkosten) differiert stark nach Branchen, so daß sich keine allgemeinen Angaben über die optimale Betriebsgröße machen lassen[123].

— Mißt man die Leistungsfähigkeit an dem Gewinn, so läßt sich die These, daß größere Unternehmenseinheiten leistungsfähiger seien, ebenfalls nicht untermauern. Petry verweist auf empirische Untersuchungen, aus denen sich nicht die geringste Korrelation zwischen Größe und Gewinn ergibt[124].

— Mißt man die Leistungsfähigkeit am Maßstab „survivor approach", so ist ebenfalls feststellbar, daß kleine und mittlere Unternehmen nicht unterlegen sind, ja daß sie u. U. sogar überlegen sind[125].

Eine allgemein eindeutige Relation zwischen Unternehmensgröße und Effizienz besteht somit nicht, mag sie auch in bestimmten Produktionsbereichen im Einzelfall gegeben sein[126].

---

120 Sölter, WuW 1974, S. 657, 659.

121 Günther, WuW 1974, S. 665, 666 f.

122 Petry, JfNSt, Bd. 183 (1969), S. 271 ff.; Petry stützt seine Ausführungen wesentlich auf die ausführlichen Hearings eines Unterausschusses des amerikanischen Senats, der sich mit verschiedenen Aspekten der Konzentration in der Wirtschaft befaßte. Die Protokolle dieser Hearings liegen in sieben Bänden vor: Hearings before the Subcommittee on Antitrust and Monopoly of the Committee on the Judiciary, United States Senate, Washington, 1965 - 1968 (zitiert nach Petry, a.a.O., S. 271 f.).

123 Petry, JfNSt, Bd. 183 (1969), S. 271, 273 ff.

124 Petry, JfNSt, Bd. 183 (1969), S. 271, 276.

125 Petry, JfNSt, Bd. 183 (1969), S. 271, 275.

Ebenso zweifelhaft wie die These von der zwangsläufig höheren Leistungsfähigkeit größerer Unternehmen ist auch die These, daß der technische Fortschritt zwangsläufig größere Betriebseinheiten erfordert. So ist feststellbar, daß gerade die Computertechnik kleine und mittlere Unternehmen begünstigt hat[127].

Auch gibt es keine eindeutige Relation zwischen der Förderung des technischen Fortschritts und der Unternehmensgröße. So ergab eine Analyse der wichtigsten Erfindungen in neuerer Zeit, „daß im Durchschnitt weniger als 30 % aller bedeutenden Erfindungen Produkte der Forschungsabteilungen großer Unternehmen sind"[128].

Lassen sich somit keine eindeutigen Aussagen bei den Inventionen treffen, so stellt Petry zumindest eine Korrelation zwischen Unternehmensgröße und Innovation fest[129]. Jedoch bemerkt Klaue hierzu treffend: „Entscheidend ist der Innovationswille, der nicht unabhängig von der Marktstruktur ist. Fehlt der Wettbewerbsdruck in hochkonzentrierten Industrien, so gewinnen die betriebswirtschaftlichen Überlegungen, die gegen die Innovation sprechen, an Gewicht, wie z. B. die Entwertung nicht abgeschriebener Anlagen[130]."

Aber auch bei den übrigen Wettbewerbsfunktionen, die nicht auf die Förderung des technischen Fortschritts oder der optimalen Faktorallokation gerichtet sind, bleibt die Frage, ob es nicht letztlich die horizontalen, also wettbewerblichen Zwänge sind, welche die allgemeine Wohlfahrt fördern, oder ob es tatsächlich „the new restraints of countervailing power" sind, wie es Galbraith nennt[131].

Es soll nicht bestritten werden, daß auch im vertikalen Verhältnis der Abnehmer gegenüber dem Produzenten Einfluß dahingehend ausüben kann, daß effektiver produziert wird, die Produktion entsprechend der Nachfrage ausgerichtet wird, etc., das vertikale Verhältnis also ähnliche Ergebnisse zeigt, wie man sie vom Wettbewerb erhofft, aber es stellt sich die Frage, ob es im Endeffekt nicht die Gefahr der Konkurrenz ist, welche den Produzenten zu einem Eingehen auf die Wünsche der Abnehmer zwingt, selbst wenn die Konkurrenz nur unsichtbar vorhanden ist und z. B. in der Drohung des Abnehmers existiert, selbst das entsprechende Gut zu produzieren. Hätte der Produzent im genannten Beispiel ein absolutes Monopol ohne jegliche potentielle Konkurrenz, so könnte allein das vertikale Verhältnis kei-

---

[126] Schmidt, S. 77.

[127] Petry, JfNSt Bd. 183 (1969), S. 271, 277 f.

[128] Schlegel, Schmollers Jahrbuch, 87 Jg. (1967), S. 45, 50.

[129] Petry, JfNSt Bd. 183 (1969), S. 271, 285.

[130] Klaue, S. 18 f.

[131] Galbraith, S. 111.

nen Druck zur Erfüllung der fünf ökonomischen Wettbewerbsfunktionen ausüben[132].

Zu diesem Ergebnis führt auch eine Betrachtung des bilateralen Produktionsmonopols, das im Grenzfall Ergebnis einer Gegengewichtsbildung sein kann[133]. In einem bilateralen Produktionsmonopol gibt es für den Lieferanten keine zwingende Notwendigkeit, technischen Fortschritt zu realisieren. Zwischen ihm und dem monopolistischen Nachfrager ist eine bestimmte Gewinnverteilung vereinbart, die er zwar zu seinen Gunsten durch Rationalisierung verbessern kann, aber nicht muß. Während bei wirksamem Wettbewerb ein Zwang zur Rationalisierung durch die Konkurrenz besteht, ist dies beim bilateralen Monopol für den Anbieter nicht der Fall; er kann sich vielmehr mit dem bisherigen Gewinn zufrieden geben. Der monopolistische Anbieter produziert im Regelfall auch nicht im Kostenminimum wie bei der Konkurrenz, er produziert vielmehr genau die Menge, die auf dem Absatzmarkt des Nachfragers gewinnmaximal ist. Daher ist auch kein optimaler Faktoreinsatz gewährleistet.

Es findet weiterhin auch keine vollständige Lenkung der Produktion nach den Bedürfnissen statt. Da die beiden Monopolisten (originäre Macht und Gegenmacht) keine Wettbewerber haben, sind sie nicht gezwungen, auf neue Bedürfnisse einzugehen. Sie können wesentlich länger als bei wirksamem Wettbewerb veraltete Güter anbieten. Gleiches gilt für Reaktionen auf sonstige Datenänderungen.

Schließlich führt das bilaterale Monopol auch nicht zu einer insgesamt gerechteren Einkommensverteilung. Zwischen den Monopolisten ist zwar eine gerechtere Einkommensverteilung möglich als beim einseitigen Monopol. Dafür wird jetzt aber gegenüber den Abnehmern des Nachfragemonopolisten eine monopolistische Preisbildung entsprechend der Cournotschen Lösung betrieben.

Im Ergebnis hat somit das vertikale Spannungsverhältnis allein keine wohlfahrtsfördernde Funktion. Die Gegenmachtsbildung führt weder insgesamt zu einer leistungsgerechten Einkommensverteilung, noch kann sie „die tatsächliche Verdrängung des Monopolisten durch ein leistungsfähigeres Unternehmen bewirken“ oder „sein Existenzrisiko vergrößern und ihn dadurch zu stärker wettbewerbskonformen Verhalten veranlassen“[134].

Die Gegengewichtsbildung als solche könnte daher als grundsätzliches Ordnungsinstrument einer Marktwirtschaft weder einen opti-

---

132 Kantzenbach, Nachfragemacht, S. 138.

133 Vgl. zu den folgenden Ausführungen über das bilaterale Produktionsmonopol, Schuhmann, S. 220 - 222 und 226 - 232.

134 Kantzenbach, Funktionsfähigkeit des Wettbewerbs, S. 151.

malen Einsatz der vorhandenen Produktionsfaktoren, noch ihre wachstumsgerechte Weiterentwicklung garantieren[135]. Sollte die Bildung von Gegenmachtskartellen forciert werden, würde die wohlstandsfördernde Auslesefunktion einer Marktwirtschaft in Frage gestellt werden[136]. Aus der kollektiven Vermachtung der Märkte folgt die Gefahr einer Reduzierung der Antriebs- und Ordnungsfunktionen des Wettbewerbs[137]. Die bilaterale Monopolisierung der Märkte führt zu einer Angebots-Nachfrage-Konfiguration, „gegen die sich im Prinzip die gleichen ökonomischen Einwendungen erheben lassen wie gegen die Marktform der vollständigen Konkurrenz“[138].

Der Vorwurf, die Form eines bilateralen Monopols herbeiführen zu wollen, wird von den Anhängern einer Gegengewichtsbildung insofern zurückgewiesen, als die Bildung bilateraler Oligopole wahrscheinlicher sei, wobei diese sehr wohl die Wettbewerbsfunktionen erfüllen könnten[139]. Dem ist insofern zuzustimmen, als die Gegengewichtsbildung nicht zu einer totalen Vermachtung der Märkte führen muß. Die Erfüllung der Wettbewerbsfunktionen in einem gegengewichtigen bilateralen Oligopol beruht dann jedoch nicht auf der Gegengewichtsbildung, sondern auf dem verbleibenden Wettbewerb in den beiden Marktstufen[140]. Der Verlust der Wettbewerbsintensität beim Übergang vom bilateralen Oligopol zum bilateralen Monopol zeigt, daß nicht die Gegengewichtsbildung als solche, sondern die Konkurrenz auf einer Wirtschaftsstufe Voraussetzung für Wohlstandsförderung ist.

bb) Gegengewichtsbildung und außerökonomisches Wettbewerbsziel

Schließlich sei auf den Konflikt der Gegengewichtsbildung mit dem außerökonomischen Ziel der Freiheitssicherung hingewiesen.

Durch die Gegengewichtsbildung verringert sich die Zahl autonom handelnder Akteure. Damit haben die Abnehmer oder Lieferanten des Gegengewichts weniger Wahlmöglichkeiten als vor der Zusammenfassung der am Gegengewicht beteiligten Unternehmen. Die Freiheit des Austauschprozesses wird somit eingeschränkt. Aber auch die Freiheit des Parallelprozesses wird tangiert: Kleinere Konkurrenten, die nicht dem Gegengewicht angeschlossen sind, werden sich stärker in ihrer

---

135 Kantzenbach, Funktionsfähigkeit des Wettbewerbs, S. 152.

136 Gutachten des wissenschaftlichen Beirates beim BMWi, BT.-Dr. 4/617, S. 90.

137 Säcker, BB 1967, S. 681, 688; Günther, WuW 1964, S. 111, 118 f.; Mestmäcker, Wettbewerbsbeschränkungen, S. 651 f.

138 Säcker, BB 1967, S. 681, 688; ders., Genossenschaften, S. 211.

139 Andrae, Marktmacht, S. 89.

140 Vgl. Kantzenbach, Funktionsfähigkeit des Wettbewerbs, S. 151.

Unternehmenspolitik an den marktmächtigen Konkurrenten zu orientieren haben.

Die Einbuße an Freiheitsgraden sowohl im Austauschprozeß als auch im Parallelprozeß ist somit Begleiterscheinung der Gegengewichtsbildung. Da die unternehmerische Selbständigkeit im Zuge der Gegengewichtsbildung immer mehr nur eine relative wird[141], widerspricht die Gegengewichtsbildung dem Ziel der Freiheitssicherung der Wirtschaftsprozesse.

Dabei wird die Gegengewichtsbildung um so fragwürdiger, je gewichtiger die Stellung des Abwehrkartells in einem Markt ist. Eine Gegengewichtsbildung, die genügend wirksamen Wettbewerb bestehen läßt und mangels überragender Marktbedeutung die Freiheit der Austausch- und Parallelprozesse nicht beeinträchtigt, erscheint unbedenklich. Je mehr aber der Wettbewerb und die Freiheit der Marktprozesse eingeengt werden, z. B. durch branchenumfassende Abwehrkartelle, um so weniger sinnvoll erscheint die Gegengewichtsbildung.

3. Gegengewichtsbildung und „Stufenwettbewerb"

Obwohl somit die Gegengewichtsbildung die Wettbewerbsfunktionen nicht oder nur ungenügend erfüllt, ist sie für Sölter ein fester Bestandteil einer Wettbewerbsordnung[142]. Zu dieser Auffassung gelangt Sölter, indem er den Wettbewerbsbegriff durch die Einführung des Terminus „Stufenwettbewerb" auch auf das vertikale Verhältnis zweier Wirtschaftssubjekte ausdehnt[143]. Durch diese Ausdehnung des Wettbewerbsbegriffes auf das Verhältnis Anbieter und Nachfrager konnte Sölter auch die vertikale Abwehrbildung als Gegenstand der Wettbewerbspolitik bezeichnen. Sölter begründet die Ausdehnung des Wettbewerbsbegriffes mit dem Spannungsverhältnis zwischen Anbieter und Nachfrager, das jede Austauschbeziehung charakterisiere, sofern nicht das Anpassungsverhalten der vollständigen Konkurrenz unterstellt werde[144].

Trotz dieses Spannungsverhältnisses, das Sölter zu Recht konstatiert — zeugt doch jede Kaufverhandlung über den Preis von diesen entgegengesetzten Interessen — ist fraglich, ob dieses vertikale Spannungsverhältnis dem horizontalen Spannungsverhältnis unter Konkurrenten gleichgesetzt werden kann. Triebenstein verneint dies, weil

[141] Sölter, WuW 1974, S. 657, 660; Andrae, MA 1962, S. 628, 634 spricht von einer abgestuften Autonomie.

[142] Sölter, WRP 1977, S. 445, 452.

[143] Sölter, Rabattkartell, S. 56 ff.; ders., Nachfragemacht, S. 42 ff.; ders., WRP 1977, S. 445, 452.

[144] Sölter, Nachfragemacht, S. 42 f.

Wettbewerb eindeutig zum Wesensinhalt habe, daß auf gleichem Wege einem gleichen Ziel zugestrebt werde. Daher könne das vertikale Verhältnis nicht als Wettbewerbsverhältnis bezeichnet werden[145].

Für die Auffassung Triebensteins spricht zunächst der Sprachgebrauch, der das Wort Wettbewerb fast ausschließlich im horizontalen Sinn verwendet: Wettbewerber oder Konkurrenten eines Anbieters sind eben nicht seine Kunden, sondern die anderen Anbieter auf dem betreffenden Markt[146].

Entscheidender als die sprachliche Auslegung ist, daß nach den getroffenen Feststellungen[147] das vertikale Spannungsverhältnis, auch wenn es gleichgewichtig gestaltet ist, die wettbewerblichen Ziele nicht erfüllt. Die Ausdehnung des Wettbewerbsbegriffes auf das vertikale Spannungsverhältnis verschleiert, daß das wirtschaftspolitische Instrument „Gegengewichtsbildung" wettbewerblichen Zielen nicht dienen kann. Angesichts der Tatsache, daß die Gegengewichtsbildung sogar die Antriebs- und Fortschrittsfunktionen des Wettbewerbs aufheben und beseitigen kann, ist die Bezeichnung der Gegengewichtsbildung als ein Instrument zur Wettbewerbsförderung und Wettbewerbserhaltung irreführend[148]. Der Begriff des Stufenwettbewerbs, der im Falle der Gegenmachtsbildung zu einem Gruppenwettbewerb führen soll[149] ist daher abzulehnen[150, 151].

III. Regelungsmöglichkeiten des Spannungsverhältnisses von Wettbewerb und Gegengewichtsbildung

1. Gegengewichtsbildung ohne Berücksichtigung des Wettbewerbs

Für Galbraith ist die Gegengewichtsbildung ein umfassendes Koordinationssystem, das an die Stelle des Wettbewerbs tritt: "Competition which ... has been viewed as the autonomous regulator of economic activity and as the only available regulatory mechanism apart from the state, has, in fact, been superseded[152]."

Diese starke Fixierung auf die Gegenmachtsbildung als dominierendes Prinzip einer Wirtschaft erscheint schon von der Sache her als

145 Triebenstein, zitiert bei Sölter, MA 1961, S. 337, 367.

146 Wiese, S. 825, 826.

147 Erster Teil C II 2.

148 So aber Andrae, Marktmacht, S. 71.

149 Sölter, WuW 1959, S. 687, 707; ders., MA 1962, S. 357, 362 ff.

150 BKartA WuW/E 67; Köhler, S. 54; Mestmäcker, ORDO XIII, S. 233, 245.

151 Wiese, S. 825, 826: „Es geht nicht an, den Begriff (der Konkurrenz, der Verf.) so auszudehnen, daß ... der Interessengegensatz zwischen Anbietern und Nachfragern als Konkurrenz bezeichnet wird."

152 Galbraith, S. 112.

fraglich: Indem Galbraith ausschließlich das vertikale Verhältnis analysiert[153], übersieht er, daß bestimmte Phänomene, die er als Gegenkraft einordnet, sich als Wettbewerbsprozesse verstehen lassen[154]. So muß die Motivation für den Zusammenschluß mehrerer Händler nicht in einer Gegengewichtsbildung gegen marktmächtige Hersteller zu suchen sein, sondern sie kann sich aus dem Bestreben ergeben, gegenüber Konkurrenten wettbewerbsfähiger zu sein.

Abgesehen von dieser sehr einseitigen Interpretation wirtschaftlicher Vorgänge erscheint die monistische Ordnungsvorstellung Galbraiths[155] wegen den Unzulänglichkeiten der Gegengewichtsbildung zur Erreichung der genannten und untersuchten Ziele nicht haltbar. Die Gegengewichtsbildung kann weder eine Alternative zum Wettbewerb[156] noch eine gleichbedeutende Ergänzung sein.

Wegen der Notwendigkeit, die horizontalen Auswirkungen auf die wettbewerblichen Verhältnisse zu beachten, und wegen der erheblichen Gefahren der Gegengewichtsbildung, ist eine unbeschränkte Zulassung von Gegengewichtskartellen abzulehnen. „Die Frage des Spannungsverhältnisses zwischen dem Wettbewerbsgebot einerseits und der Gegengewichtsbildung durch unternehmerische Zusammenarbeit als wirtschaftspolitisches Ordnungsprinzip andererseits kann im übrigen nur unter Beachtung des Ausmaßes und der Marktsituation bei der unternehmerischen Zusammenarbeit im einzelnen Fall gelöst werden[157].“ Es erscheint daher rückblickend als richtig, daß der deutsche Gesetzgeber weder dem Kartellvorschlag von Franz Böhm folgte[158], der in § 5 des Entwurfes die Freistellung von Abwehrkartellen vorsah, noch daß sich der deutsche Gesetzgeber an der Ausnahmevorschrift des § 21 Abs. 1 lit. d des englischen Restrictive Trade Practices Act orientierte, der ebenfalls Abwehrkartelle freistellt[159].

Selbst der Vorschlag Schuhmachers[160], der vorsieht, daß ein Machtsaldo als solches noch nicht Abwehrkartelle rechtfertigt und das wettbewerbliche Beschränkungen nicht weiter als der Abwehrzweck reichen dürfen, berücksichtigt nicht hinreichend die horizontalen Wettbewerbswirkungen, da bei einer entsprechenden Begründung des Abwehr-

---

153 Galbraith, S. 114.
154 Miller, S. 20 f.
155 Glahe, S. 137 ff.
156 Andrae, Machtkonflikt, S. 68; Benisch, Grundlagen, S. 109.
157 Schreiber, S. 66.
158 Abgedruckt in WuW 1955, S. 319; dazu Schuhmacher, ZHR 1976, S. 317, 340 ff.; Benisch, Grundlagen, S. 68 und Säcker, Genossenschaften, S. 211.
159 Dazu Schuhmacher, ZHR 1976, S. 317, 341 ff.
160 Schuhmacher, ZHR 1976, S. 317, 345 ff.

zweckes auch weitreichende Wettbewerbsbeschränkungen hinzunehmen wären[161].

2. Gegengewichtsbildung unter Berücksichtigung des Wettbewerbs

Als mit dem Wettbewerbsgesichtspunkt vereinbar wären die Fälle anzusehen, in denen die Gegengewichtsbildung den Wettbewerb nicht einschränkt oder ihn langfristig sogar verbessert. Ist eine solche Konstellation jedoch denkbar? Dies würde voraussetzen, daß eine Wettbewerbsbeschränkung im Sinne einer Beschränkung der marktprozessualen Freiheiten Dritter — also von Konkurrenten oder Partnern auf der Marktgegenseite[162] — im Wege der Gegengewichtsbildung zugleich den Wettbewerb in seiner Gesamtheit langfristig verbessert oder ihn zumindest nicht verschlechtert.

Die Möglichkeit einer solchen Konstellation ist in Wettbewerbstheorie und Wettbewerbspolitik umstritten. Sie erscheint als in sich widersprüchlich. Im folgenden soll hierzu nur insoweit Stellung genommen werden, als es zur Beurteilung der Kompatibilität der Gegengewichtsbildung mit dem Wettbewerb notwendig ist. Der Stand der wettbewerbspolitischen Diskussion läßt sich dabei am ehesten durch die folgenden Positionen verdeutlichen:

a) Der neuklassische Ansatz Hoppmanns[163]

In Übereinstimmung mit der wohl herrschenden Ansicht in der Wettbewerbstheorie sieht Hoppmann im Wettbewerb einen dynami-

161 Nach Kantzenbach, Nachfragemacht, S. 138, muß richtigerweise die Gegengewichtsbildung dort ihre Grenze finden, wo die Funktionsfähigkeit des Parallelwettbewerbes zwischen den Anbietern wesentlich beeinträchtigt wird.

162 Hoppmann, DB 1970, S. 93, 94.

163 Als neuklassisch bezeichnet Hoppmann die von ihm vertretene Wettbewerbstheorie, weil die These, zwischen „Freiheit des Wettbewerbs" und „guten ökonomischen Marktergebnissen" bestehe kein Konflikt, bereits bei den Klassikern vorgezeichnet sei (Hoppmann, JfNSt Bd. 179, 1966, S. 286, 290).

Hoppmann sieht sich insoweit in Übereinstimmung mit den Klassikern, als diese den Wettbewerb nicht nur auf die rein ökonomische Perspektive begrenzten, sondern Wettbewerb als ein System nicht-autoritärer sozialer Kontrolle verstanden (Hoppmann, Schutzobjekt, S. 80 ff.).

Dieser „neuklassische" Bezug auf die Theorien der Klassiker ist nicht zu verwechseln mit dem Begriff der sog. „neoklassischen" Wettbewerbstheorie. Bei der Neoklassik besteht der Bezug zur Klassik insofern, als die Klassik sich vorwiegend mit der Frage der Vollkommenheit des Wettbewerbs befaßte (Hoppmann, ORDO, XVII, S. 369 f.) und auch die Neoklassik diese Frage in den Vordergrund stellt.

Daher wird der Begriff „neoklassisch" häufig für die Theorie der vollkommenen Konkurrenz verwandt. Diese wiederum basiert auf der Preistheorie der sog. Reinen Ökonomie, die jedoch im Gegensatz zu den Klassikern und zu Hoppmann außerökonomische Aspekte weitgehend vernachlässigt schen Überflügelungsprozeß mit vorstoßenden Akteuren und nachziehenden Imitatoren[164]. Im Unterschied zu neueren Ansätzen ist es nach Hoppmann jedoch nicht möglich, einem solchen dynamischen Wettbewerb eine bestimmte Marktstruktur zuzuordnen. Wettbewerb sei als geschichtlicher Prozeß offen. Daher seien Prognosen über die Folge einer bestimmten Gestaltung der Wettbewerbsbedingungen unmöglich[165].

„Freiheit hat aber Ungewißheit zur Voraussetzung. Welche Art von Marktprozessen das schöpferische Ingenium des Menschen bei aufrechterhaltener Wettbewerbsfreiheit hervorbringen wird, ist deshalb grundsätzlich unbekannt. Wettbewerb ist ein Prozeß, der Möglichkeiten bietet und Chancen eröffnet. Er ist ein Such-, Lern- und Informationsprozeß. Das Potential läßt sich nicht definieren, es sollen lediglich Chancen und Möglichkeiten offengehalten werden. Wegen der ‚Offenheit des geschichtlichen Prozesses' ist es nicht möglich, jene Marktprozesse, in denen sich Wettbewerbsfreiheit und ökonomische Vorteilhaftigkeit manifestieren, positiv in ihren Zusammenhängen und Ergebnissen im einzelnen praktikabel zu beschreiben[166]."

Da es nach Hoppmann ausgeschlossen ist, mittels einer bestimmten Wettbewerbssituation bestimmte Ergebnisse herbeizuführen, fordert Hoppmann eine möglichst umfassende Wettbewerbsfreiheit. Für Hoppmann ist Wettbewerb als „Abwesenheit von Beschränkungen der Wettbewerbsfreiheit" definiert[167].

Hoppmann fordert die Wettbewerbsfreiheit jedoch nicht nur, weil die Wirkungen ihrer Einschränkungen nicht prognostizierbar sind, sondern weil eine möglichst vollständige Wettbewerbsfreiheit notwendige Bedingung für die Erfüllung der ökonomischen und außerökonomischen Wettbewerbsfunktion sei[168].

„Wettbewerbsfreiheit ist also Voraussetzung für ... ökonomische Vorteilhaftigkeit. Wettbewerbsfreiheit und ökonomische Vorteilhaftig-

---

und die wirtschaftliche Tätigkeit aus der gesellschaftlichen Wirklichkeit isoliert und abstrahiert (Hoppmann, Schutzobjekt, S. 70 ff.).

Soweit somit die Orientierung an außerökonomischen Kategorien in Frage steht, hat die „neuklassische" Wettbewerbstheorie Hoppmanns nichts mit der aus der Reinen Ökonomie stammenden „neoklassischen" Wettbewerbstheorie gemeinsam.

164 Hoppmann, JfNSt Bd. 179 (1966), S. 286, 287 ff.; ders., Zs. d. Bernischen Juristenvereins, Bd. 102 (1966), S. 249, 266.

165 Hoppmann, DB 1970, S. 93, 99; Hollmann, AWD 1973, S. 192, 193.

166 Hoppmann, Definition des Wettbewerbs, S. 29 f.

167 Hoppmann, Fusionskontrolle, S. 10; ders., Definition des Wettbewerbs, S. 30.

168 Hoppmann, JfNSt Bd. 179 (1966), S. 286, 304.

keit sind zwei Aspekte desselben wettbewerblichen Prozesses, sie sind zwei Seiten derselben Medaille[169]."

Da Leistungssteigerung, ökonomische Effizienz, technischer Fortschritt, Wirtschaftswachstum usw. am besten durch den Wettbewerb realisierbar seien, könne man nicht zugleich Wettbewerb als ökonomisch effizientestes Verfahren haben und Wettbewerbsbeschränkungen zum Zwecke der Leistungssteigerung fordern[170]. Nach dem neuklassischen Ansatz kann somit eine Koordinierung von Aktionsparametern im Wege der Gegengewichtsbildung sich nicht positiv auf die Wettbewerbsverhältnisse und deren Ergebnisse auswirken.

Diese These von der Wettbewerbsfreiheit im Sinne des Fehlens jeglicher Wettbewerbsbeschränkungen als Voraussetzung für Wohlstand und individuelle Freiheit erscheint jedoch angesichts Hoppmanns eigener Kritik an anderen Wettbewerbskonzeptionen als fraglich:

Indem Hoppmann von einer bestimmten Wettbewerbssituation, nämlich derjenigen einer möglichst vollständigen Abwesenheit von Wettbewerbsbeschränkungen, optimale Ergebnisse erwartet, setzt er sich seiner eigenen, nicht unberechtigten Kritik aus, Wettbewerbsbeschränkungen seien in ihrer Wirkung nicht prognostizierbar: So unmöglich es ist, die ökonomische Vorteilhaftigkeit für den Fall einer bestimmten durch Wettbewerbsbeschränkungen beeinflußten Konstellation vorauszusagen, so unmöglich ist es, eine Prognose für den Fall des Fehlens dieser Wettbewerbsbeschränkung zu treffen.

Indem nach Hoppmann der Wettbewerb Voraussetzung für ökonomische Vorteilhaftigkeit ist, Wettbewerb aber Abwesenheit von Wettbewerbsbeschränkungen bedeutet, definiert Hoppmann denkbare Fälle von Wettbewerbsintensivierung durch Koordinierung einzelner Unternehmensfunktionen hinweg[171].

Im Ergebnis erscheint Hoppmanns These, jede Einschränkung der Wettbewerbsfreiheit durch eine Koordinierung unternehmerischen Verhaltens habe eine Einschränkung des tatsächlichen Wettbewerbs zur Folge, als nicht überzeugend. Gerade weil der Wettbewerbsprozeß offen ist, kann es auch Situationen geben, in denen eine Koordinierung bestimmter Unternehmensfunktionen den tatsächlichen Wettbewerb intensiviert, z. B. durch Zusammenschluß bisher unbedeutender Wettbewerber. Wettbewerb bedeutet auch die Kraft zur Aktion, die Macht

---

169 Hoppmann, Definition des Wettbewerbs, S. 21.

170 Hoppmann, DB 1970, S. 93, 98 f.; vgl. auch Hollmann, AWD 1973, S. 192, 193.

171 Daher wurde Hoppmann auch mehrfach zum Vorwurf gemacht, seine Wettbewerbstheorie beruhe auf einer Tautologie. So Tolksdorf JfNSt 183 (1969), S. 61, 68 ff.; ders., JfNSt 187 (1973), S. 543 ff.; Kantzenbach, JfNSt 181 (1967), S. 193, 198; Schmidt, S. 42.

zur gegenseitigen Kontrolle der Wettbewerber. Die Chance einer Verbesserung dieser Fähigkeiten durch Koordinierung unternehmerischen Verhaltens kann gerade wegen der Ungewißheit über die Zukunft nicht in toto verneint werden.

b) Der funktionsfähige Wettbewerb Kantzenbachs

In diametralem Gegensatz zur neuklassischen Position Hoppmanns stehen die zahlreichen workable-competition-Konzeptionen, deren Anliegen es ist, eine im Hinblick auf die Erfüllung der Wettbewerbsfunktionen optimale Wettbewerbssituation zu definieren.

Der im deutschen Sprachraum wohl bekannteste Ansatz stammt von Kantzenbach mit seinem Konzept des funktionsfähigen Wettbewerbs. Nach Kantzenbach ergibt sich die optimale Wettbewerbsintensität entscheidend aus der Kombination zweier Faktoren: Der Anzahl der Anbieter und des Ausmaßes der Marktunvollkommenheit. Die optimale Kombination findet sich dann im weiten Oligopol. Dieses ist auf Grund eines Maximums an effektiver Wettbewerbsintensität die optimale Marktform zur Erreichung der ökonomischen Wettbewerbsfunktionen[172].

Für die Bildung von Abwehrkartellen würde dies bedeuten, daß diese dann unbedenklich wären, wenn sie horizontal nicht zur Bildung eines engen Oligopols oder sogar eines Monopols führen würde.

Die Unbedenklichkeit einer solchen Gegengewichtsbildung wird allerdings dann fraglich, wenn das zugrunde liegende Konzept des funktionsfähigen Wettbewerbs angezweifelt wird. In der Tat hat das Konzept Kantzenbachs erhebliche Kritik erfahren[173].

Die wichtigsten Einwände sind dabei folgende:

— Kantzenbach stellt sehr stark auf die Marktstruktur, d. h. auf die Zahl der Marktteilnehmer, ab. Diese marktmorphologische Betrachtungsweise läßt damit andere Gesichtspunkte wie Marktverhalten oder Marktergebnis außer Betracht. Eine ausschließliche Betrachtung der Marktstruktur gibt die Wettbewerbssituation nur ungenügend wieder. Weder erlaubt sie die Erfassung von Marktmacht noch die Einbeziehung der potentiellen Konkurrenz. Darüber hinaus hat sie statischen Charakter und vernachlässigt Änderungen des Marktes im Hinblick auf Produkt, Abnehmer, etc.[174].

---

[172] Kantzenbach, Funktionsfähigkeit des Wettbewerbs, S. 138 ff.

[173] u. a.: Hoppmann, JfNSt Bd. 179 (1966), S. 286 ff.; ders., JfNSt Bd. 181 (1967/68), S. 251 ff.; Kaufer, JfNSt Bd. 179 (1966), S. 482 ff.; ders., JfNSt 181 (1967/68), S. 242 ff.; Heuß, ORDO XVIII, S. 411 ff.

[174] Heuß, ORDO XVIII, S. 411, 414; Hoppmann, JfNSt Bd. 179 (1966), S. 286, 308.

— Kantzenbach unterschätzt die Dynamik des Polypols, in dem allein auf Grund der größeren Anzahl von Anbietern die Chance zur Invention und Innovation beträchtlich ist.

— Außerdem — und hierauf weist Kantzenbach selbst hin — ist seine Konzeption ausschließlich an den ökonomischen Wettbewerbsfunktionen orientiert[175]. Die Einschränkung der Zahl der Wettbewerber hin zum Oligopol kann kollidieren mit der außerökonomischen Wettbewerbsfunktion, wenn die Freiheit der Austausch- und Parallelprozesse durch die sinkende Zahl der Marktteilnehmer beeinträchtigt wird.

Im Ergebnis kann somit nicht eine bestimmte Marktform angestrebt werden, in der Hoffnung, damit automatisch den idealen Wettbewerb verwirklicht zu haben. Die von Kartte angeführte optimale Marktstruktur[176] ist weder allgemeingültig für alle Märkte feststellbar noch wird sie im Zeitablauf konstant sein.

c) Stellungnahme

Wenn somit eine optimale Marktstruktur nicht bestimmbar ist, so sind doch andererseits, entgegen Hoppmann, Fälle denkbar, in denen eine Wettbewerbsbeschränkung iSv § 1 GWB zu einer langfristigen Sicherung und Intensivierung des Wettbewerbs führt. Diese Feststellung bedeutet nicht, daß sich ein Dilemma, wie es Hoppmann nennt[177], zwischen ökonomischen und außerökonomischen Wettbewerbsfunktionen zwangsläufig ergeben muß. Eine Kooperation kann nicht nur den Wettbewerb im Hinblick auf die ökonomische Zielsetzung intensivieren, sondern auch durch die Zusammenarbeit bislang unbedeutender Wettbewerber die Machtstellung eines überragenden Konkurrenten abbauen, ohne daß der Markt erneut vermachtet wird. Insofern kann Kooperation nicht nur ökonomischen Zielen, sondern auch dem Ziel der Machtkontrolle und Freiheitssicherung dienen[178].

Eine Wettbewerbsbeschränkung iSv § 1 GWB[179] kann daher mit dem Ziel eines wirksamen und funktionsfähigen Wettbewerbs vereinbar sein[180]. Für die Gegengewichtsbildung bedeutet dies, daß auch ein

---

175 Kantzenbach, Die Funktionsfähigkeit des Wettbewerbs, S. 16 ff.

176 Kartte, BB 1969, S. 53, 55.

177 Hoppmann, JfNSt 179 (1966), S. 286, 291. Zur Dilemma-These auch Säcker, Genossenschaften, S. 202 ff.

178 Hierzu Köhler, S. 58.

179 Liegt keine Wettbewerbsbeschränkung iSv § 1 GWB vor, so handelt es sich um einen Fall der kartellrechtlich irrelevanten „Kartellfreien Kooperation“.

180 Entsprechend ging auch das „Neue Leitbild“ der Arbeitsgruppe Wettbewerbspolitik im BMWi davon aus, daß es Unvollkommenheiten des Mark-

Abwehrkartell wettbewerbskonform sein kann. So ist es denkbar, daß eine Gegengewichtsbildung kleiner Anbieter gegenüber marktmächtigen Nachfragern zugleich den Wettbewerb gegenüber großen Konkurrenten intensiviert.

Nicht mehr wettbewerbskonform ist eine Gegengewichtsbildung dann, wenn sie zu einer Herabsetzung der Wettbewerbsintensität führt, z. B. durch Bildung branchenumfassender Abwehrkartelle.

Die Grenze zwischen wettbewerbskonformer und wettbewerbspolitisch bedenklicher Abwehrbildung läßt sich wegen der Offenheit der Wettbewerbsprozesse nicht theoretisch exakt ableiten. Eine Prognose der Auswirkungen einer zwischenbetrieblichen Zusammenarbeit ist nicht möglich. Einerseits besteht die Chance einer Dynamisierung des Wettbewerbs durch die Schaffung neuer Einheiten[181], andererseits ist nicht mit Sicherheit gewährleistet, „daß die dann auf den Märkten noch übrig bleibenden, wenigen Unternehmungsgruppen und Großunternehmen in heftigen Wettbewerb miteinander treten werden[182].

Will man in dieser Situation nicht auf die Vorteile einer unternehmerischen Zusammenarbeit verzichten, andererseits nicht Gefahr laufen, den Wettbewerb durch eine zu weitgehende Freistellung von Abwehrkartellen zu beeinträchtigen, so bietet sich wirtschaftspolitisch ein sehr vorsichtiges, pragmatisches Vorgehen an: Um die „guten“ Kartelle von den „schlechten“ Kartellen zu trennen[183], ist es erforderlich, möglichst umfassend solche Tatbestandsmerkmale zu formulieren, die eine Reduzierung der Wettbewerbsintensität ausschließen[184].

Aufgabe der Wirtschaftspolitik muß es sein, durch entsprechend restriktiv gestaltete Kartellausnahmen lediglich die wettbewerbspolitisch unbedenklichen Gegengewichtskartelle vom allgemeinen Kartellverbot auszunehmen. Daß es sich dabei nur um relativ unbedeutende Gegengewichtskartelle handeln kann, ergibt sich aus der Notwendigkeit, den Wettbewerb zu schützen. Wenn somit eine Gegengewichtsbildung durch Kartelle in Betracht kommt, dann nur innerhalb sehr enger, vom Wettbewerbsprinzip gezogener Grenzen.

---

tes geben kann, die den Wettbewerbsfunktionen dienlich sind. Vgl. Kartte, Leitbild, S. 42 ff.

181 Kartte, Leitbild, S. 54.

182 Emmerich, Einführung, S. 71.

183 Kartte, Leitbild, S. 60.

184 Dies kann geschehen z. B. durch eine Begrenzung der Abwehrbildung auf kleine und mittlere Unternehmen und/oder durch eine Begrenzung der Abwehrbildung auf solche Maßnahmen, die wesentlichen Wettbewerb bestehen lassen. Zu den zahlreichen Möglichkeiten der Begrenzung der Gegengewichtsbildung durch einschränkende Tatbestandsmerkmale, vgl. Teil II dieser Arbeit, insbesondere die Ausführungen zu den Kooperationsvorschriften (A I).

Ob der deutsche Gesetzgeber diese Grenze adäquat im GWB zum Ausdruck gebracht hat oder ob er die Grenze zwischen wettbewerbspolitisch bedenklichen und unbedenklichen Abwehrkartellen zu niedrig oder zu hoch angesetzt hat, soll im zweiten Teil der Arbeit untersucht werden.

IV. Ergebnis: Gegengewichtsbildung nur in engen Grenzen sinnvoll

Eine Gegengewichtsbildung erscheint nur insoweit sinnvoll, als sie mit dem Wettbewerb noch vereinbar erscheint.

Vereinbar ist aber nur eine sehr eingeschränkte Form der Gegengewichtsbildung, die mit Sicherheit branchenumfassende Abwehrkartelle ausschließt. Die Abwehr von Angebots- oder Nachfragemacht im Wege der Gegengewichtsbildung erscheint daher nur in Teilbereichen als ein sinnvolles Mittel der Wirtschaftspolitik.

Zweiter Teil

Gegengewichtsbildung nach dem GWB

Im ersten Teil der Arbeit wurde festgestellt, in welchem Umfang eine Gegengewichtsbildung sinnvoll und unbedenklich ist.

Im zweiten Teil der Arbeit ist nun zu analysieren, inwieweit nach dem GWB Gegengewichtsbildung zulässig ist.

Gegenstand der Untersuchung ist dabei ausschließlich die Gegengewichtsbildung im Wege zulässiger Kartelle (§§ 2 - 8 GWB), sowie durch zulässige Empfehlungen (§ 38 II Nr. 1 - 3 GWB). Die Gegengewichtsbildung durch kartellfreie Kooperation[1] oder durch Konzentration[2] ist also nicht Gegenstand dieser Arbeit.

Nach der Analyse des geltenden Rechts (A) soll die Frage beantwortet werden, ob die Möglichkeiten zur Gegengewichtsbildung nach heutigem Recht ausreichen, zu weit sind oder ob es anderer Regelungen bedarf (B).

A. Möglichkeiten und Grenzen der Gegengewichtsbildung

I. Gegengewichtsbildung durch Kooperation

Unter dem Begriff der Kooperation wurden in der Vergangenheit wesentliche Erleichterungen der Zusammenarbeit von rechtlich und wirtschaftlich selbständig bleibenden Unternehmen geschaffen. Die wesentlichen Änderungen und Neuregelungen waren dabei folgende:

— Erleichterungen der Zulassung von Normen- und Typisierungsvereinbarungen (§ 5 I GWB) und Neueinführung des § 5 a GWB durch das erste Änderungsgesetz zum GWB vom Herbst 1965[1].

— Einführung des § 5 b GWB, Neufassung der Vorschriften über die Mittelstandsempfehlung (§ 38 II Nr. 1 GWB) und Erweiterung der

---

[1] Zur Gegengewichtsbildung durch kartellfreie Kooperation Benisch, Grundlagen, S. 69 ff.

[2] Zur Gegengewichtsbildung durch Konzentration Benisch, Grundlagen, S. 91 f.; Sölter, WuW 1968, S. 317, 334.

[1] BGBl. Teil I 1965, S. 1363.

Vorschriften über die Wettbewerbsregeln (§§ 28 ff. GWB) durch die Kartellgesetznovelle von 1973[2].

Mit der Kooperationsförderung sollen vor allem strukturelle Nachteile kleiner und mittlerer Unternehmen gegenüber Großunternehmen ausgeglichen werden[3]. Dieser Gedanke des Ausgleichs struktureller Nachteile ist insbesondere in der zweiten GWB-Novelle zum Tragen gekommen. So zielt § 5 b GWB auf die Förderung der Leistungsfähigkeit kleiner und mittlerer Unternehmen, § 38 II Nr. 1 GWB läßt Mittelstandsempfehlungen nur durch Vereinigungen kleiner und mittlerer Unternehmen zu.

Im folgenden sollen daher unter dem Blickwinkel der Gegengewichtsbildung durch Kooperation zunächst die §§ 5 b, 28 und 38 II Nr. 1 GWB analysiert werden. Den vielfach auch zu den Kooperationsvorschriften gezählten §§ 5 I, II und III sowie 5 a GWB[4] ist ein eigener Abschnitt vorbehalten, da bei diesen Normen weniger der Gedanke des strukturellen Nachteilsausgleichs als vielmehr der der kollektiven Rationalisierung im Vordergrund stand.

1. Möglichkeiten zur Gegengewichtsbildung im Rahmen der Kooperationsvorschriften

a) Gegengewichtsbildung durch Mittelstandsempfehlungen (§ 38 II Nr. 1 GWB)

aa) Der Gegengewichtsgedanke als Motiv für die Neufassung des § 38 II Nr. 1 GWB

Mit der sog. Mittelstandsempfehlung soll kleinen und mittleren Unternehmen die Chance eröffnet werden, „unter Erhaltung ihrer Selbständigkeit sich kooperativ gleiche unternehmerische Möglichkeiten zu eröffnen, wie sie für Großunternehmen selbstverständlich sind“[5].

Bis zur Novellierung des § 38 II Nr. 1 GWB durch das zweite Gesetz zur Änderung des GWB im Jahre 1973 wurde eine Abwehrbildung durch Empfehlung nur horizontal, also gegen Konkurrenten, als zulässig angesehen[6]. Diese Beschränkung auf Fälle der Nebengewichtsbildung wurde hergeleitet aus dem in § 38 II Nr. 1 a. F. GWB enthaltenen Tatbestandsmerkmal der Schaffung „wettbewerbsfördernder Bedingungen“. In Übereinstimmung mit dem oben abgeleiteten rein

[2] BGBl. Teil I 1973, S. 917.

[3] BMWi, Kooperationsfibel, S. 5 f.

[4] Benisch, Kooperationsfibel, S. 83.

[5] BMWi, Merkblatt vom 5. 12. 1974, WuW 1975, S. 13.

[6] WuW/E BKartA 67. Vgl. hierzu auch Benisch, Grundlagen, S. 91.

horizontalen Wettbewerbsbegriff[7] wurden die „wettbewerbsfördernden Bedingungen“ nur auf den Wettbewerb der gleichen Wirtschaftsstufe bezogen[8]. Daher lehnte man die Schaffung leistungsgerechter Bedingungen im Verhältnis von vor- und nachgelagerter Wirtschaftsstufen als mögliches Ziel von Mittelstandsempfehlungen ab[9].

Nach dem Willen des Gesetzgebers ist diese Restriktion durch die Streichung des Ausdrucks der „wettbewerbsfördernden Bedingungen“ aufgegeben worden. Im Bericht des Wirtschaftsausschusses findet sich die Feststellung, daß das neu eingefügte Tatbestandsmerkmal „gegenüber Großbetrieben oder großbetrieblichen Unternehmungsformen“ „auch die Fälle erfaßt, in denen die Großbetriebe oder großbetrieblichen Unternehmungsformen auf der vor- oder nachgelagerten Wirtschaftsstufe stehen“[10].

Damit soll die Mittelstandsempfehlung heute offenbar auch als Mittel gegen übermäßige Angebots- oder Nachfragemacht dienen[11]. Zweck einer Kooperation durch Empfehlungen kann daher nicht nur die Abwehr von Verdrängungspraktiken marktstarker Wettbewerber, sondern darüber hinaus die Abwehr von Verdrängungs- oder Ausbeutungspraktiken marktstarker Lieferanten oder Abnehmer sein[12]. Der Novellierung des § 38 II Nr. 1 GWB hat daher das Konzept der Gegen- und Nebenmacht zugrunde gelegen[13].

bb) Die Auslegung der einzelnen Tatbestandsmerkmale im Hinblick auf den erweiterten Normzweck

Ein Ziel der Mittelstandsempfehlung ist demnach die Förderung der Gegengewichtsbildung. Unter diesem Abwehraspekt sind insbesondere Preisempfehlungen von Interesse wie auch Empfehlungen mit dem Inhalt, bestimmte Nebenleistungen, wie Listungsgebühren, Eintrittsgelder etc., nicht zu erbringen. Inwieweit § 38 II Nr. 1 GWB Empfehlungen dieser Art zum Zwecke der Gegengewichtsbildung zuläßt, ist durch Auslegung der einzelnen Tatbestandsmerkmale zu klären.

---

7 Erster Teil C II 3.

8 Grundlegend BKartA WuW/E 67.

9 a. A. war offenbar zunächst noch das BKartA im TB 1959, BT.-Dr. 3/1795, S. 9.

10 Bericht des Wirtschaftsausschusses des Deutschen Bundestages, abgedruckt in WuW 1973, S. 594.

11 Rintelmann, DB 1973, S. 1930, 1934; Ebel, NJW 1973, S. 1665, 1671.

12 So auch Kartte, Wettbewerbsregeln und Mittelstandsempfehlung, S. 66.

13 Emmerich, Zulässigkeit der Kooperation, S. 58 f.; Bartholomeyczik, Gegengewichtsprinzip, S. 56; Andrae, Machtkonflikt, S. 60; Schreiber, S. 66; Lehmann, GRUR 1977, S. 633, 636 f.

(1) Verbesserung der Wettbewerbsbedingungen

Für eine Gegengewichtsbildung im Rahmen der Mittelstandsempfehlung erscheint zunächst das Tatbestandsmerkmal der „Verbesserung der Wettbewerbsbedingungen" problematisch, geht es doch bei der Gegengewichtsbildung um eine Änderung der Austauschbeziehungen und nicht um eine horizontale Wettbewerbspolitik. Dabei stellen sich folgende Fragen:

— Auf welcher Ebene muß eine Verbesserung der Wettbewerbsbedingungen erfolgen?

— Was ist unter den zu verbessernden Wettbewerbsbedingungen zu verstehen?

— Wann liegt eine Verbesserung der Wettbewerbsbedingungen vor?

(a) Auf welcher Ebene muß eine Verbesserung der Wettbewerbsbedingungen erfolgen?

Im Falle der horizontalen Nebengewichtsbildung ist die maßgebende Ebene, auf der eine Verbesserung der Wettbewerbsbedingungen zu erfolgen hat, die Beziehung zwischen den Klein- und Mittelbetrieben einerseits und den Großbetrieben bzw. großbetrieblichen Unternehmensformen andererseits. In diesem horizontalen Bereich soll die Förderung der Leistungsfähigkeit der kleinen und mittleren Unternehmen zu einer erhöhten Wettbewerbsfähigkeit und damit zu einer Verbesserung der Wettbewerbsbedingungen führen. Indem die Mittelstandsempfehlung diesen Betrieben den Einsatz der gleichen strategischen Mittel und Aktionsparameter ermöglicht, wie sie den Großbetrieben zur Verfügung stehen, sollen die Empfehlungsempfänger ernstzunehmende Wettbewerber werden[14].

Nicht so eindeutig ergibt sich für den Fall der vertikalen Gegengewichtsbildung, wo die Verbesserung der Wettbewerbsbedingungen zu erfolgen hat. Werden auf Grund einer Mittelstandsempfehlung z. B. Eintrittsgelder nicht mehr gezahlt, so verbessern sich die Wettbewerbsbedingungen zwischen marktmächtigen Nachfragern und deren Konkurrenten, da die marktmächtigen Nachfrager die bisherigen verzerrenden Vorteile nicht mehr erzwingen können. Wie jedoch aus dem Wort „dadurch" in § 38 II Nr. 1 GWB hervorgeht, ist die Verbesserung der Wettbewerbsbedingungen auf die Förderung der Leistungsfähigkeit der Klein- und Mittelbetriebe bezogen. Allein die Intensivierung der Beziehungen innerhalb der Marktgegenseite kann somit nicht gemeint sein.

[14] BMWi, Kooperationsfibel, S. 55: Es kommt darauf an, daß die Mittelstandsempfehlung günstigere strukturelle Voraussetzungen für einen wirksamen Wettbewerb zwischen den beteiligten kleinen und mittleren Unternehmen und ihren großen Konkurrenten schafft.

Auch eine Beseitigung der verzerrenden Bedingungen und Praktiken in den Austauschbeziehungen zwischen den beiden Marktpartnern ist, wie sich aus dem oben abgeleiteten Wettbewerbsbegriff ergibt[15], keine Verbesserung der Wettbewerbsbedingungen. Es handelt sich vielmehr nur um die Herbeiführung gerechterer Austauschbeziehungen.

Damit kommt als Verbesserung der Wettbewerbsbedingungen nur noch eine Sicherung und Verstärkung der wettbewerblichen Struktur auf der Marktseite der Klein- und Mittelunternehmen in Betracht. Diese Auslegung ist die einzige, die mit dem Normwortlaut vereinbar ist. Für die Gegenmachtsbildung gilt also die gleiche Voraussetzung der Verbesserung der Wettbewerbsbedingungen auf dem Markt der Empfehlungsempfänger wie für die Nebenmachtsbildung[16].

(b) Was ist unter den zu verbessernden Wettbewerbsbedingungen zu verstehen?

Als maßgebliche Wettbewerbsbedingung iSd § 38 II Nr. 1 GWB könnte die Leistungsfähigkeit der beteiligten Klein- und Mittelbetriebe anzusehen sein. Da eine Förderung der Leistungsfähigkeit regelmäßig aber eine Verbesserung dieser Wettbewerbsbedingung „Leistungsfähigkeit" bedeutet, hätte das Tatbestandsmerkmal „Verbesserung der Wettbewerbsbedingungen" keine eigene Aussagekraft. Dieser Auffassung ist Teichmann, der deshalb für einen Wegfall dieses Tatbestandsmerkmals plädiert[17].

Zu dieser Schlußfolgerung kommt man allerdings nur dann, wenn man allein die im Hinblick auf die erhöhte Leistungsfähigkeit der Empfehlungsempfänger bewirkte Veränderung der Wettbewerbsbedingungen betrachtet. Diese Sicht mag zunächst auch auf Grund der Verknüpfung der beiden Tatbestandsmerkmale durch das Wort „dadurch" in § 38 II Nr. 1 GWB eine Stütze finden, ist aber mit dem Normzweck des § 38 II Nr. 1 GWB, wettbewerbliche Marktstrukturen langfristig zu sichern[18], nicht vereinbar. Die Marktstruktur ist nämlich nur dann wettbewerblich, wenn der Wettbewerb nicht im Wege von Empfehlungen beseitigt wird. Die Erhöhung der Leistungsfähigkeit als eine von zahlreichen weiteren Bedingungen des Wettbewerbs (z. B. Zahl der Anbieter, Produkthomogenität) gibt aber allein keine Gewähr, daß insgesamt wettbewerbliche Strukturen gesichert werden.

---

[15] Erster Teil C II 3.

[16] So stellt auch das BMWi, WuW 1975, S. 15 für den Fall der gegengewichtigen Empfehlung auf eine Verbesserung der Wettbewerbsbedingungen auf der Marktseite der Empfehlungsempfänger ab.

[17] Teichmann, Kooperation, S. 947.

[18] Bericht des Wirtschaftsausschusses des Deutschen Bundestages, WuW 1973, S. 594.

Bei der Interpretation Teichmanns bleibt nämlich unberücksichtigt, welche Aktionsparameter betroffen sind und welche Stellung die Empfehlungsempfänger im Markt einnehmen. Mit anderen Worten: Unberücksichtigt bleibt, daß die Wettbewerbsbedingungen nicht nur durch erhöhte Leistungsfähigkeit der strukturell benachteiligten Unternehmen verbessert werden, sondern daß sie auch durch die Vereinheitlichung und Koordinierung bestimmter Aktionsparameter verschlechtert werden[19]. Diese negative Wirkung der Kooperation läßt Teichmann außer acht. Ob die Wettbewerbsbedingungen tatsächlich in ihrer Gesamtheit verbessert werden, hängt aber von sämtlichen Auswirkungen der Empfehlung ab[20]. Daher stellt auch das Merkblatt des Bundesministers für Wirtschaft fest: „Für die Beurteilung der Auswirkungen von Mittelstandsempfehlungen auf die Wettbewerbsbedingungen kann auch die Marktstellung der Empfehlungsadressaten in ihrer Gesamtheit gegenüber den konkurrierenden Großunternehmen von Bedeutung sein. Erforderlich ist auch hier, daß eine für einen funktionsfähigen Wettbewerb hinreichende Zahl von Wettbewerbern am Markt vorhanden ist. Letztlich sind für die Beurteilung der Marktverhältnisse die Umstände des Einzelfalles entscheidend ...[21]."

Wettbewerbsbedingung ist daher nicht nur die Leistungsfähigkeit der Unternehmen, sondern auch die Zahl der Wettbewerber, die Transparenz des Marktes, die Elastizität der Nachfrage etc. Zu berücksichtigen sind die Wirkungen der Mittelstandsempfehlung auf alle diese Bedingungen des Wettbewerbs[22]. Würde nur auf die Wettbewerbsbedingung „Leistungsfähigkeit" abgestellt werden, so wäre eine Mittelstandsempfehlung schon allein wegen der Förderung der Leistungsfähigkeit zulässig, selbst wenn sich durch die Empfehlung sämtliche anderen Bedingungen des Wettbewerbs so verschlechtern würden, daß ein wirksamer Wettbewerb entfiele[23].

Die Verbesserung der Wettbewerbsbedingungen folgt daher nicht schon aus einer Erhöhung der Leistungsfähigkeit der beteiligten Unternehmen. Die Gesamtwürdigung der Wirkungen einer Mittelstands-

---

19 Zur Abwägung von positiven und negativen Aspekten betrieblicher Kooperation, Kartte, Leitbild, S. 54 f.

20 So weist auch Müller / Giessler / Scholz, § 38 Rdnr. 102 auf die Notwendigkeit hin, alle Wettbewerbsfaktoren insgesamt zu würdigen.

21 WuW 1975, S. 15.

22 a. A. ist wohl Rintelmann, DB 1973, S. 1930, 1933. Nach ihm ist nicht auf eine Verbesserung der Wettbewerbsbedingungen schlechthin abzustellen, sondern auf die durch die Förderung der Leistungsfähigkeit bedingte Verbesserung der Wettbewerbsbedingungen.

23 Trautmann, WuW 1975, S. 307, 309 nimmt dies offensichtlich in Kauf. Er hält branchenweite Mittelstandsempfehlungen zur Abwehr von wettbewerbsverzerrenden Praktiken großer Abnehmer oder Anbieter auch dann für zulässig, wenn der Wettbewerb wesentlich beeinträchtigt wird.

empfehlung kann trotz einer Verbesserung der Wettbewerbsbedingung „Leistungsfähigkeit“ insgesamt negativ ausfallen, wenn andere Wettbewerbsbedingungen sich stark verschlechtern.

(c) Wann liegt eine Verbesserung der Wettbewerbsbedingungen vor?

Offen blieb bisher, wann eine Verbesserung der Wettbewerbsbedingungen bejaht werden kann. Für die Gegengewichtsbildung ist dabei von besonderer Bedeutung, ob in der Abwehr einer Ausbeutungspolitik der Marktgegenseite bereits eine Verbesserung der Wettbewerbsbedingungen gesehen werden kann, ob also die Sicherung der Marktstruktur bereits eine Verbesserung ist.

Das Bundesministerium für Wirtschaft hat hierzu ausgeführt, daß eine Verbesserung der Wettbewerbsbedingungen vorliegen kann, „wenn wettbewerbsverzerrenden Praktiken von Großbetrieben oder großbetrieblichen Unternehmensformen entgegengewirkt und dadurch langfristig eine wettbewerbliche Struktur auf der Marktseite der kleinen und mittleren Unternehmen gesichert wird“[24]. Damit sieht das Ministerium bereits in der Erhaltung einer bestimmten Marktstruktur eine Verbesserung[25].

Diese Betrachtungsweise beruht auf einem Vergleich der zukünftigen hypothetischen Wettbewerbssituation ohne eine Empfehlung mit derjenigen Wettbewerbssituation, die bei Durchführung der Empfehlung erwartet wird. Diese Interpretation des Tatbestandsmerkmales „Verbesserung der Wettbewerbsbedingungen“ ist aus mehreren Gründen zweifelhaft:

Zum einen würde dies bedeuten, daß man in der Verhinderung einer Verschlechterung bereits eine Verbesserung sieht, eine wohl schon vom sprachlichen nur schwer zu akzeptierende Interpretation.

Zum anderen erfordert die Interpretation des BMWi eine Prognose über die zukünftige Wettbewerbsentwicklung. Bereits oben wurde aber darauf hingewiesen[26], daß sichere Prognosen über eine zukünftige Wettbewerbsentwicklung kaum zu treffen sind, weil der Wettbewerbsprozeß ein offener Prozeß ist, dessen Bedingungen und Ergebnisse nicht vorhersehbar sind[27]. Aussagen über die zukünftige Wettbewerbs-

---

[24] WuW 1975, S. 15.

[25] Ähnlich bereits der Bericht des Wirtschaftsausschusses, WuW 1973, S. 594, nach dem Empfehlungen bei stark unterschiedlicher Marktmacht auf zwei Wirtschaftsstufen ein Mittel sein können, wettbewerbliche Marktstrukturen auf der marktschwächeren Seite auch langfristig zu sichern.

[26] Erster Teil C III 2.

[27] Vgl. die Kritik von Hoppmann, DB 1970, S. 93, 99 an den sog. performance-tests.

situation erscheinen auch nur bedingt justiziabel[28]. Die zukünftige Wettbewerbssituation hängt von Ereignissen ab, die weder heute voraussehbar noch in ihren Wirkungen erkennbar sind. Dazu zählen z. B. der Einsatz neuer Technologien, Änderungen der Bedürfnisstruktur usw.

Im Ergebnis muß sich daher die Verbesserung der Wettbewerbsbedingungen aus gegenwärtigen, tatsächlich feststellbaren Umständen ergeben. Die Verhinderung einer zukünftigen Verschlechterung ist noch nicht als Verbesserung anzusehen[29].

(2) Förderung der Leistungsfähigkeit

Durch die Stärkung der Leistungsfähigkeit der beteiligten kleinen und mittleren Unternehmen sollen die Voraussetzungen für einen wirksamen Wettbewerb verbessert werden[30]. Die Leistungssteigerung ist somit Mittel zur Verbesserung der Wettbewerbsbedingungen, „Folge der Leistungssteigerung muß eine Verbesserung der Wettbewerbsbedingungen sein“[31].

Was aber ist unter Förderung der Leistungsfähigkeit zu verstehen? Nach dem Merkblatt des Bundesministers für Wirtschaft sind all diejenigen Empfehlungen zur Förderung der Leistungsfähigkeit gegenüber Großbetrieben oder großbetrieblichen Unternehmensformen geeignet, „welche die individuelle Stellung der Beteiligten am Markt verbessern“[32]. Da sich allerdings die individuelle Stellung der Empfehlungsempfänger durch so unterschiedliche Maßnahmen wie Rationalisierung oder Durchsetzung überhöhter Preise verbessern läßt, gibt diese allgemeine Definition nichts her.

Aussagekräftiger ist die Feststellung des Wirtschaftsausschusses des Deutschen Bundestages, die Empfehlung müsse konkurrenzfördernden Charakter gegenüber den Großunternehmen haben[33]. Diese Konkurrenzförderung ergibt sich durch eine Steigerung der Konkurrenzfähigkeit der Klein- und Mittelbetriebe. Eine solche Erhöhung der Konkurrenzfähigkeit tritt z. B. durch höhere Qualität, besseren Service, aber auch intensivere Werbung etc. ein[34]. Daher fördern Empfehlungen

---

[28] So weist Teichmann, Kooperation. S. 947 zu Recht darauf hin, daß Hoffnungen auf eine allgemeine Verbesserung der Marktstruktur nicht zum Prüfungsgegenstand einer einzelnen Empfehlung gemacht werden können.

[29] Ebenso Müller / Giessler / Scholz, § 38 Rdnr. 102, nach dem ein Zustand angestrebt werden muß, der gegenüber dem bisherigen eine Intensivierung des Wettbewerbs erwarten läßt.

[30] Kartte, Wettbewerbsregeln und Mittelstandsempfehlung, S. 69.

[31] Müller / Giessler / Scholz, § 38 Rdnr. 92.

[32] WuW 1975, S. 15.

[33] WuW 1973, S. 594.

[34] Vgl. die Beispiele bei Rintelmann, DB 1973, S. 1930, 1933.

zur Absatzgestaltung, zur Einhaltung einer bestimmten Werbelinie, zur Rationalisierung regelmäßig die Leistungsfähigkeit.

Problematisch sind jedoch Empfehlungen zur Preisgestaltung einschließlich aller Preisbestandteile, wobei gerade Empfehlungen dieser Art für die Gegengewichtsbildung von besonderer Relevanz sind. Bedenken ergeben sich aus der Tatsache, daß preistreibende Empfehlungen auch nach der Novellierung des § 38 II Nr. 1 GWB ausgeschlossen sein sollen[35]. Wie aus der Begründung des Wirtschaftsausschusses hervorgeht, war tragender Gedanke der Novellierung, den kleinen und mittleren Unternehmen im Wettbewerb die gleichen unternehmerischen Strategien wie den Großunternehmen zu ermöglichen[36]. Der Begriff der Strategie stellt auf die Unternehmenspolitik ab und ist damit handlungsbezogen. Wenn somit der Gesetzgeber den Aktionsspielraum der Unternehmen erweitern wollte und dies damit beschrieb, daß die Leistungsfähigkeit gefördert werden müsse, so ist auch dieser Begriff der Leistungsfähigkeit handlungsgebunden[37]. Die Leistungsfähigkeit wird nur dann gefördert, „wenn die Unternehmen durch die Empfehlung in die Lage versetzt werden, insoweit auf dem Markt besser zu handeln, sich besser zu behaupten“[38]. Es ist daher Teichmann zuzustimmen, daß Empfehlungen, „die lediglich höhere Preise anstreben als sie sonst von den beteiligten Unternehmen bei selbständiger Kalkulation festgesetzt worden wären, die Leistungsfähigkeit jener Unternehmen nicht“ fördern[39].

Somit ist nicht ausreichend, daß die Unternehmen mit höheren Preisen den Gewinn steigern können und damit ihren finanziellen Rückhalt festigen. Es bedeutet daher entgegen Müller / Giessler / Scholz auch nicht jede Verbesserung betriebswirtschaftlicher Daten eine Erhöhung der Leistungsfähigkeit[40]. So kann die Verbesserung des betriebswirtschaftlichen Datums Gewinn auch durch das Befolgen einer Empfehlung mißbräuchlich überhöhter Preise erfolgen, ohne daß das Unternehmen, bezogen auf seine Produkte und Leistungen, konkurrenzfähiger geworden ist. Preisempfehlungen allein zur Durchsetzung höherer Einkommen sind daher kein Beitrag zur Steigerung der Leistungsfähigkeit. Folglich kann auch nicht Benisch zugestimmt werden, der es als maßgeblich ansieht, „ob es sich um Preise handelt, die zur existentiellen Sicherung leistungsfähiger Mittelbetriebe und damit eines Marktes mit einer ausreichenden Zahl von Wettbewerbern dien-

[35] Bericht des Wirtschaftsausschusses, WuW 1973, S. 594.

[36] Bericht des Wirtschaftsausschusses, WuW 1973, S. 593.

[37] Ebenso Teichmann, Kooperation, S. 943.

[38] Langen, § 38 Rdnr. 17.

[39] Teichmann, Kooperation, S. 943.

[40] So aber Müller / Giessler / Scholz, § 38 Rdnr. 100.

lich sind“[41]. Normzweck der Mittelstandsempfehlung ist es nicht, kleine und mittlere Unternehmen zu erhalten[42], sondern diese in die Lage zu versetzen, unter Erhaltung ihrer Selbständigkeit kooperativ die gleichen Aktionsparameter wie die „großen“ Konkurrenten einsetzen zu können[43]. Ein Bestandsschutz wird der Zielsetzung der Norm nicht gerecht[44]. Im Ergebnis erfordert somit das Tatbestandsmerkmal der Förderung der Leistungsfähigkeit qualitativ mehr als eine Sicherung der Wirtschaftlichkeit der betroffenen Unternehmen[45].

Gilt diese Interpretation des Begriffes der Förderung der Leistungsfähigkeit der mittleren und kleinen Unternehmen aber auch für den Fall der vertikalen Gegengewichtsbildung? Bedenken, die hier vorgenommene Auslegung des Tatbestandsmerkmales „Förderung der Leistungsfähigkeit“ auch für den Fall der Abwehrbildung gegenüber vor- oder nachgelagerter Wirtschaftsstufe zu verwenden, ergeben sich aus folgenden Überlegungen:

Für die horizontale Nebengewichtsbildung mag es zur Verbesserung des Wettbewerbs auf eine Steigerung der Leistungsfähigkeit im Sinne einer größeren Attraktivität der kleinen und mittleren Unternehmen ankommen, denn allein eine Verbesserung der Einkommenssituation dieser Unternehmen führt noch nicht zu einem attraktiveren Angebot etc. Eine andere Situation ergibt sich jedoch für den Fall der Gegengewichtsbildung. Hier könnte Leistungsfähigkeit auch bedeuten, sich Ausbeutungspraktiken der Marktgegenseite erfolgreich widersetzen zu können. Die Stärkung der Wettbewerbsfähigkeit der mittelständischen Unternehmen ist weniger entscheidend als die Schaffung gleichgewichtiger Verhandlungspositionen. Zumindest für den vertikalen Anwendungsbereich der Mittelstandsempfehlung liegt es daher nahe, den Begriff der Förderung der Leistungsfähigkeit weniger restriktiv auszulegen.

Dabei bliebe unbeachtet, daß das Tatbestandsmerkmal der „Förderung der Leistungsfähigkeit“ in unmittelbarem Zusammenhang mit dem Tatbestandsmerkmal der „Verbesserung der Wettbewerbsbedingungen“ steht: Die Förderung der Leistungsfähigkeit soll zur Verbesserung der Wettbewerbsbedingungen führen. Daraus folgt, daß beide Tatbestandsmerkmale in ihrem Zusammenhang gesehen werden

[41] Benisch, Kooperationsfibel, S. 420; ähnlich Dörinkel, WuW 1973, S. 827, 832.

[42] So aber Trautmann, WuW 1975, S. 307, 309 und Dörinkel, WuW 1973, S. 827, 832.

[43] BMWi, WuW 1975, S. 13.

[44] KG, WuW 1974, S. 433, 435; a. A. Raiser, S. 73, der von einem strukturpolitischen Erhaltungsprinzip spricht, das der Gesetzgeber in § 38 II Nr. 1 GWB eingebracht habe.

[45] So auch Langen, § 38 Rdnr. 17; Teichmann, Kooperation, S. 941 ff.

müssen. Es wurde aber bereits festgestellt[46], daß eine „Verbesserung" eine Veränderung bedeutet, die über den status quo hinausgeht. Eine solche positive Veränderung ist jedoch nur dann zu erwarten, wenn die Steigerung der Leistungsfähigkeit im Sinne einer Erhöhung der Konkurrenzfähigkeit auf Grund besserer Leistung, attraktiverem Angebot etc. erfolgt[47]. Auch im vertikalen Verhältnis erfordert daher die Förderung der Leistungsfähigkeit mehr als eine allgemeine Verbesserung der wirtschaftlichen Lage der Empfehlungsempfänger. Preisempfehlungen zur Erhaltung von Unternehmen als Mittel der Gegengewichtsbildung scheiden daher im Rahmen des § 38 II Nr. 1 GWB aus[48].

Eine Preisempfehlung fördert allerdings dann die Leistungsfähigkeit des mittleren oder kleinen Unternehmens, wenn die Empfehlung auf einer Leistung des Empfehlenden beruht und der Empfehlungsempfänger diese Leistung sich durch das Befolgen der Empfehlung zueignet[49]. Dies ist z. B. möglich bei vorangegangenen Marktanalysen oder Vorkalkulationen durch den empfehlenden Verband[50]. Gerade unter diesem Gesichtspunkt sind Empfehlungen über Preise, welche die Empfehlungsempfänger nicht unterschreiten sollen, zulässig. Bei dieser Ausgestaltung der Empfehlung, die selbstverständlich alle anderen Preisbestandteile und Leistungen umfassen kann, ist die Mittelstandsempfehlung ein denkbares Abwehrmittel gegen Nachfragemacht.

(3) Abgrenzung von kleinen und mittleren Unternehmen einerseits und Großunternehmen sowie großbetrieblichen Unternehmensformen andererseits

Offen blieb bisher, wie im Rahmen einer Gegengewichtsbildung der Adressatenkreis der Mittelstandsempfehlung zu bestimmen ist.

Empfehlungsempfänger dürfen nur kleine und mittlere Unternehmen sein[51]. Nach dem Bericht des Wirtschaftsausschusses des Deutschen

---

46 Zweiter Teil A I 1 a) bb) (1) (c).

47 Teichmann, Kooperation, S. 942, weist zu Recht daraufhin, daß Leistungsfähigkeit kein statischer Begriff ist, sondern dynamisch verstanden werden muß.

48 a. A. Trautmann, WuW 1975, S. 307, 309: „Dient § 38 II Nr. 1 ... dazu, eine breite Schicht kleiner und mittlerer Unternehmen zu erhalten, so müssen auch substanzbewahrende Mittelstandsempfehlungen zulässig sein." Ebenso Dörinkel, WuW 1973, S. 827, 832.

49 Teichmann, Kooperation, S. 943.

50 Rintelmann, DB 1973, S. 1930, 1933 nennt folgende Beispiele: Unverbindlich empfohlene Preise in Dispositionskatalogen, die den Beteiligten schon vor Beginn der Saison Anhaltspunkte geben, welche Preislagen für welche Angebote als realisierbar angesehen werden können; unverbindliche Preise als Kalkulationshilfen; Schaufensterplakate mit Ware und Preis; gemeinsame Werbeaktionen in Zeitungen und Fernsehen mit Ware und Preis. Zustimmend Teichmann, Kooperation, S. 943, weil diese Aktivitäten die Leistungsfähigkeit der einzelnen Unternehmen konkret verbessern.

Bundestages wird der Begriff der „kleinen und mittleren Unternehmen" durch die Gegenüberstellung mit den „Großbetrieben oder großbetrieblichen Unternehmensformen" bestimmt, denen gegenüber die Leistungsfähigkeit erhöht werden soll[52].

Diese Gegenüberstellung kann anhand der unterschiedlichsten Kriterien erfolgen, wie Marktanteil, Umsatz, Finanzkraft, etc. In erster Linie wird jedoch allgemein die Relation zu den Wettbewerbern als Beurteilungskriterium herangezogen, da „für die wettbewerbsrechtliche Unternehmensgröße die Stellung des Unternehmens im Markt" wichtigstes Indiz ist[53].

Dieses Abstellen auf die Relation zwischen den Wettbewerbern erscheint nur im Rahmen der Nebengewichtsbildung als sinnvoll, da es dort gilt, strukturelle Nachteile auszugleichen mit dem Ziel der Verbesserung der Wettbewerbschancen der Klein- und Mittelbetriebe gegenüber den Großunternehmen[54].

Im vertikalen Verhältnis hingegen soll Abwehrmacht gegenüber marktmächtigen Unternehmen auf der vor- oder nachgelagerten Wirtschaftsstufe gebildet werden. Dementsprechend ist es naheliegend, die Einteilung von Klein- und Mittelbetrieben einerseits sowie Großunternehmen und großbetrieblichen Unternehmensformen andererseits durch Gegenüberstellung von Unternehmen verschiedener Marktstufen vorzunehmen[55]. Von einem solchen vertikalen Größenvergleich im Falle der Gegengewichtsbildung ging offensichtlich auch der Gesetzgeber aus: So können nach dem Bericht des Wirtschaftsausschusses des Deutschen Bundestages die Großbetriebe und großbetrieblichen Unternehmensformen auch auf vor- oder nachgelagerter Wirtschaftsstufe stehen, wobei sich die Einteilung in kleine und mittlere Unternehmen einerseits sowie Großbetriebe und großbetriebliche Unternehmensformen andererseits aus einer Gegenüberstellung der Betriebe ergeben soll[56].

Eine solche, vom Normalfall der Nebengewichtsbildung abweichende, Größenbestimmung durch einen vertikalen Größenvergleich ist jedoch nicht unproblematisch: Führt man einen vertikalen Größenvergleich durch, so ist Gegenmachtsbildung nur gegenüber Großbetrieben oder

---

[51] Dies war früher streitig und ist nun durch die Neufassung des § 38 II Nr. 1 GWB geklärt. Vgl. Müller / Giessler / Scholz, § 38 Rdnr. 99.

[52] WuW 1973, S. 594.

[53] Müller / Giessler / Scholz, § 38 Rdnr. 96.

[54] BMWi, WuW 1975, S. 13.

[55] Bei der Gegenüberstellung von Unternehmen verschiedener Marktstufen versagt naturgemäß das Marktanteilskriterium (Müller / Giessler / Scholz, § 38 Rdnr. 97). Maßgebend müssen dann absolute Größenkriterien wie Umsatz, Kapitalausstattung, Beschäftigtenzahl, Gewinn, etc. sein.

[56] WuW 1973, S. 594.

großbetrieblichen Unternehmensformen auf der Marktgegenseite möglich[57]. Nicht auszuschließen ist aber, daß Gegenmachtsbildung auch erforderlich sein kann gegenüber gleich großen oder sogar kleineren Unternehmen der vor- oder nachgelagerten Wirtschaftsstufe, sofern diese auf Grund besonderer Abhängigkeitsverhältnisse Marktmacht mißbräuchlich ausnutzen. Insbesondere Nachfragemacht ist nicht allein eine Frage einer bestimmten Unternehmensgröße[58], sondern vielfach die „Folge einer ungleichen Verteilung der Macht innerhalb eines Partnerschaftsverhältnisses. Der eine ist auf den anderen angewiesen, der andere Partner jedoch nicht auf ihn[59]."

Ein Unternehmen kann daher Nachfragemacht ausgesetzt sein, obwohl es vielleicht vom Umsatz und der Beschäftigtenzahl her gesehen „größer" ist als dasjenige Unternehmen, das Marktmacht ausübt[60]. Maßgebend dürften daher nicht absolute Kriterien wie Umsatz etc. sein, maßgebend müßten vielmehr die konkreten Abhängigkeiten von bestimmten Nachfragern, also das Angewiesensein auf bestimmte Geschäftsverbindungen und ähnliches sein. Für die Einbeziehung solcher Aspekte sind aber die Tatbestandsmerkmale „kleine und mittlere Unternehmen" sowie „Großbetriebe und großbetriebliche Unternehmensformen" ungeeignet, da die Begriffe „klein", „mittel" und „groß" an bestimmte relative oder absolute Zahlen anknüpfen (z. B. Marktanteil, Gewinn oder Umsatz). Im Gegensatz zu den Tatbestandsmerkmalen der „Marktbeherrschung" bzw. der „überragenden Marktstellung" des § 22 GWB läßt der Begriff des Großunternehmens wenig Raum für eine Einbeziehung von Marktstrategien, Abhängigkeitsverhältnissen etc.[61].

Angesichts dieser Unzulänglichkeiten eines vertikalen Größenvergleiches könnte man daran denken, auch im Rahmen der Gegengewichtsbildung die Einteilung in Klein- und Mittelbetriebe einerseits sowie Großbetriebe und großbetriebliche Unternehmensformen andererseits immer horizontal durch einen Vergleich der absoluten oder relativen Größe der Unternehmen einer Wirtschaftsstufe vorzunehmen, also auf einen vertikalen Größenvergleich völlig zu verzichten. Es wäre dann der gleiche horizontale Maßstab wie im Rahmen der Nebengewichtsbildung anzulegen.

---

[57] Vgl. auch die Kritik von Benisch, Grundlagen, S. 112.

[58] Friesen, DB 1978, Beilage 6, S. 5; vgl. auch Arndt, WuW 1972, S. 84, 86 f.

[59] Arndt, MA 1975, S. 6, 13.

[60] Vgl. auch Hönn, GRUR 1977, S. 141, 146.

[61] Zur Einbeziehung solcher Kriterien in die Feststellung einer marktbeherrschenden Stellung BGH Beschluß vom 3. 7. 1976, DB 1976, S. 1903, 1904 = WuW/E BGH 1435, 1439 f. (Vitamin-B-12); BGH Beschluß vom 16. 12. 1976, DB 1970, S. 440 = WuW/E BGH 1445, 1447 f. (Valium).

Eine solche, sich letztlich an vertikalen Beziehungen überhaupt nicht orientierende, Auslegung des § 38 II Nr. 1 GWB wäre allerdings nur schwer mit dem Gesetzeszweck und dem Gesetzeswortlaut vereinbar.

Es bliebe unbeachtet, daß nach dem gesetzgeberischen Willen § 38 II Nr. 1 GWB auch der Gegengewichtsbildung dienen soll[62]. Der Gesetzgeber wollte die Kooperation der „kleinen Unternehmen" als Abwehr gegen die Marktmacht der „Großunternehmen" auf vor- oder nachgelagerter Wirtschaftsstufe fördern[63], beabsichtigte also einen Vergleich der Unternehmen verschiedener Wirtschaftsstufen.

Es bliebe ferner unberücksichtigt, daß dieser Wille des Gesetzgebers im Gesetzestext auch seinen Niederschlag gefunden hat: So stellt § 38 II Nr. 1 GWB darauf ab, daß die Leistungsfähigkeit der kleinen und mittleren Unternehmen *gegenüber* Großbetrieben und großbetrieblichen Unternehmensformen erhöht werden soll.

Aus dem Wort „gegenüber" aber läßt sich entnehmen, daß die Unternehmen, „gegen" die Abwehrbildung betrieben werden soll, Großunternehmen sein müssen. Im Rahmen der Gegengewichtsbildung sind dies Unternehmen der vor- oder nachgelagerten Wirtschaftsstufe.

Der vom Gesetz gebotene vertikale Größenvergleich im Falle der Gegengewichtsbildung erscheint wettbewerbspolitisch nicht unbedenklich, weil dann horizontal gesehen große Wettbewerber Adressaten einer Mittelstandsempfehlung sein können, sofern sie größeren Lieferanten oder Abnehmern gegenüberstehen. Dabei darf jedoch nicht übersehen werden, daß in jedem Falle die Wettbewerbsbedingungen verbessert werden müssen, § 38 II Nr. 1 GWB also ein wettbewerbliches Korrektiv enthält, das eine Vermachtung der Märkte auch im Falle der Gegengewichtsbildung verhindert.

Bestehen bleiben aber die Bedenken, daß das Größenkriterium letztlich in der vertikalen Beziehung ein inadäquater Maßstab ist. Der Gesetzgeber hat das für die Nebengewichtsbildung entwickelte Größenkriterium auf die Gegengewichtsbildung übertragen, ohne die spezifischen Probleme der Marktmacht im vertikalen Verhältnis zu erfassen.

cc) Entscheidende Schwäche einer Gegengewichtsbildung durch Mittelstandsempfehlungen:

Die Unverbindlichkeit

Auf Grund der Auslegung der einzelnen Tatbestandsmerkmale des § 38 II Nr. 1 GWB ergibt sich zusammenfassend nur eine beschränkte

---

62 Oben Zweiter Teil A I 1 a) aa).

63 Bericht des Wirtschaftsausschusses des Deutschen Bundestages, WuW 1973, S. 594.

Möglichkeit zur Gegengewichtsbildung durch Mittelstandsempfehlungen. Die entscheidende Schwäche der Mittelstandsempfehlung als Gegenmachtsinstrument dürfte jedoch weniger in den tatbestandlichen Restriktionen liegen als in ihrer Unverbindlichkeit. Gerade bei Klein- und Mittelbetrieben wird eine einheitliche Abwehrfront auf Empfehlungsbasis nur schwer durchzusetzen sein[64].

b) Gegengewichtsbildung durch Mittelstandskartelle (§ 5 b GWB)

aa) § 5 b GWB als Mittel zur Gegengewichtsbildung

Ein Hinweis, daß § 5 b GWB der Abwehr von Marktmacht auf vor- oder nachgelagerter Wirtschaftsstufe zu dienen hätte, findet sich weder in der Begründung zu dem durch die zweite Novelle eingeführten § 5 b GWB[65] noch in dem Bericht des Wirtschaftsausschusses des Deutschen Bundestages[66].

Für die Absicht des Gesetzgebers, mit der Einführung des § 5 b GWB neben der horizontalen Abwehrbildung auch die Gegengewichtsbildung zu fördern, könnte allein der Gesamtzusammenhang der durch die zweite Novelle eingefügten oder geänderten Kooperationserleichterungen sprechen. So stellte der Ausschuß für Wirtschaft in seinem Bericht zu der gesamten Novelle fest: „Eine vorausschauende Wettbewerbs- und Preispolitik wird ferner darauf zu achten haben, daß übermäßige Nachfragemacht und entsprechende Vorzugsstellungen auf der Handelsstufe nicht dazu mißbraucht werden, eine nicht leistungsgerechte Einkommensverteilung zu Lasten schwächerer industrieller Anbieter oder entsprechender Konkurrenten im Handel herbeizuführen ... Die Verschärfung der Mißbrauchsaufsicht ... sowie die Kooperationserleichterungen des neuen § 5 b ... bieten die erforderlichen rechtlichen Grundlagen, um einer derartigen Entwicklung entgegenzuwirken[67].“

Hat man somit bei der Schaffung des § 5 b GWB nicht unmittelbar den Gegengewichtsgedanken betont, so ist die Norm doch als Teil eines Reformwerkes anzusehen, das unter anderem die Bekämpfung wirtschaftlicher Macht auf vor- oder nachgelagerter Wirtschaftsstufe zum Ziel hatte. Aus dem Zusammenhang der Neuregelungen dürfte es daher Sinn und Zweck des Mittelstandskartells entsprechen, wenn dieses nicht nur der Abwehr von Verdrängungspraktiken marktbeherrschender Konkurrenten dient, sondern auch der Abwehr von Ausbeutungspraktiken marktmächtiger Lieferanten oder Abnehmer.

---

[64] Schuhmacher, ZHR 1976, S. 317, 339; Benisch, Grundlagen, S. 91.

[65] BT.-Dr. 6/2520, S. 20.

[66] BT.-Dr. 7/765, S. 3.

[67] BT.-Dr. 7/765, S. 4.

Mit dieser Interpretation des § 5 b GWB steht die Feststellung der Bundesregierung in ihrer Stellungnahme zum Tätigkeitsbericht des BKartA für das Jahr 1972 in Einklang, daß die durch die 2. Novelle eingeführten Vorschriften und Änderungen eine wirksame Möglichkeit seien, zu einer gerechteren Einkommens- und Vermögenspolitik beizutragen[68].

Die Mittelstandskooperation nach § 5 b GWB dürfte daher auch den Zweck erfüllen, die Marktstellung gegenüber Unternehmen auf der Marktgegenseite zu verbessern[69].

bb) Die Auslegung der einzelnen Tatbestandsmerkmale bei einer Gegengewichtsbildung nach § 5 b GWB

Ziel einer Gegengewichtsbildung im Rahmen des § 5 b GWB muß eine Änderung der Einkommensverteilung gegenüber vor- oder nachgelagerten Wirtschaftsstufen zugunsten des Abwehrkartells sein. Im Mittelpunkt des Interesses stehen dabei — möglichst branchenumfassend — Abreden über Preise und Nebenleistungen. Inwieweit dies durch eine Kooperation nach § 5 b GWB möglich ist, ist durch Auslegung der einzelnen Tatbestandsmerkmale zu klären.

(1) Das Tatbestandsmerkmal „kleine und mittlere Unternehmen"

§ 5 b GWB zielt auf die Förderung der Leistungsfähigkeit kleiner und mittlerer Unternehmen. Diese Zielvorstellung wurde durch den im Gesetzgebungsverfahren vom Wirtschaftsausschuß des Deutschen Bundestages eingefügten Zusatz „und der Vertrag oder Beschluß dazu dient, die Leistungsfähigkeit kleiner oder mittlerer Unternehmen zu fördern" zum Ausdruck gebracht[70].

Maßgebend ist somit die Förderung der Leistungsfähigkeit kleiner und mittlerer Unternehmen. Dies schließt nicht aus, daß Kooperationsabsprachen nach § 5 b GWB auch bei Beteiligung von Großunternehmen zugelassen werden können[71]. Es ist sogar denkbar, daß die Förderung der Leistungsfähigkeit der kleinen oder mittleren Unternehmen erst durch die Beteiligung von Großunternehmen sichergestellt werden kann[72]. Das BMWi nennt hierfür den Fall, daß ein oder mehrere Klein- oder Mittelbetriebe durch die Vereinbarung mit einem Großunternehmen verbesserte Bezugs- oder Vertriebsmöglichkeiten erhalten[73].

[68] BT.-Dr. 7/986, S. 1.
[69] Ebenso Hönn, GRUR 1977, S. 141, 146 und Stahl, WuW 1978, S. 7, 8.
[70] Bericht des Wirtschaftsausschusses, BT.-Dr. 7/765, S. 3.
[71] Dörinkel, WuW 1973, S. 827, 829; Langen, § 5 b Rdnr. 11.
[72] GK, § 5 b Rdnr. 31; Riesenkampff, WRP 1975, S. 405, 406.
[73] BMWi, Kooperationsfibel, S. 48.

Diese Beteiligungsmöglichkeit von Großunternehmen entbindet dennoch nicht von der Verpflichtung, Großunternehmen einerseits und Klein- und Mittelunternehmen andererseits abzugrenzen, da in jedem Falle eine Förderung von Klein- oder Mittelbetrieben feststellbar sein muß.

Nach dem Bericht des Ausschusses für Wirtschaft enthält der Begriff „kleine oder mittlere Unternehmen" „sowohl eine Relation, die sich aus der Stellung der betreffenden Unternehmen im Verhältnis zu ihren Wettbewerbern ergibt, als auch eine absolute Grenze, für die aus den Umsatzzahlen in den §§ 22 ff. GWB Anhaltspunkte für die Kartellbehörden hergeleitet werden können"[74]. Dies bedeutet, daß es für die Abgrenzung des Adressatenkreises sowohl auf die Marktanteile als auch auf absolute Größenmerkmale ankommt, wobei sich eine Bestimmung nur für den Einzelfall für die konkrete Branche treffen läßt[75].

Der Bundesminister für Wirtschaft hat in einem Merkblatt über die Kooperationserleichterungen für kleine und mittlere Unternehmen nach § 5 b GWB versucht, eine Gewichtung hinsichtlich der Beurteilungskriterien zu treffen. Danach kommt es auf „die Relation zu den großen Unternehmen der jeweiligen Branche entscheidend" an[76].

Fraglich ist jedoch, ob diese marktanteilsbezogene Sicht auch im Rahmen der Gegengewichtsbildung Geltung hat oder ob nicht vielmehr ein vertikaler Größenvergleich der Unternehmen verschiedener Wirtschaftsstufen zu erfolgen hat[77]. Die Beurteilung der Unternehmen könnte dann nicht mehr anhand von Marktanteilen erfolgen, vielmehr müßten absolute Kriterien, wie Umsatz, Finanzkraft, Beschäftigtenzahl etc., maßgebend sein.

Wettbewerbspolitisch erscheint ein solcher vertikaler Größenvergleich nicht unproblematisch, da solche Unternehmen als „klein" einzustufen sein könnten, die horizontal als „große" Wettbewerber anzusehen sind. Dies scheint dem Ziel der Schaffung einer ausgewogenen Branchenstruktur durch Nachteilsausgleich[78] zu widersprechen. Andererseits besteht im Rahmen der Gegengewichtsbildung die Notwendigkeit, daß die „kleinen und mittleren" Unternehmen sich gegen die „großen" Unternehmen der vor- oder nachgelagerten Wirtschaftsstufe zusammenschließen.

---

[74] BT.-Dr. 7/765, S. 3.

[75] So auch GK, § 5 b Rdnr. 35; Langen, § 5 b, Rdnr. 13.

[76] Abgedruckt in BMWi, Kooperationsfibel, S. 48.

[77] Zur gleichen Problematik bei der Mittelstandsempfehlung siehe oben Zweiter Teil A I 1 a) bb) (3).

[78] Sölter, WuW 1974, S. 657 ff.

Für die Mittelstandsempfehlung war die Zulässigkeit eines vertikalen Größenvergleichs bejaht worden[79]. Im Rahmen des Mittelstandskartells ist die Zulässigkeit einer solchen vertikalen Gegenüberstellung jedoch zweifelhafter:

Zum einen war bei der Schaffung des § 5 b GWB im Gegensatz zu § 38 II Nr. 1 GWB die Zielsetzung der Gegengewichtsbildung nicht unmittelbar erkennbar. Primärer Normzweck war eindeutig die Schaffung einer ausgewogenen horizontalen Branchenstruktur, während sich das Ziel der Gegengewichtsbildung allenfalls aus dem Gesamtzusammenhang der GWB-Reform entnehmen läßt. Dies legt es nahe, dem eigentlichen Normzweck ein stärkeres Gewicht zu geben und auch im Falle der Gegengewichtsbildung die Unterscheidung in „klein", „mittel", „groß" auf Grund eines Vergleichs der Wettbewerber zu treffen.

Zum anderen hat die Gegengewichtsbildung im Gegensatz zu § 38 II Nr. 1 GWB bei der Regelung des § 5 b GWB auch keinen Niederschlag im Wortlaut der Norm gefunden. Während bei § 38 II Nr. 1 GWB das Tatbestandsmerkmal „gegenüber Großunternehmen oder großbetrieblichen Unternehmensformen" verdeutlicht, daß die Großunternehmen oder großbetrieblichen Unternehmensformen auf der „Gegenseite" stehen müssen, fehlt in § 5 b GWB ein entsprechendes Tatbestandsmerkmal. Auch dieses spricht für eine stärkere Beachtung der horizontalen, also wettbewerblichen, Aspekte und damit gegen einen vertikalen Größenvergleich.

Gegen eine ausschließlich horizontale Betrachtung der Unternehmen läßt sich allerdings einwenden, daß der primäre Normzweck der Sicherung eines wirksamen Wettbewerbs bereits durch das Tatbestandsmerkmal „keine wesentliche Wettbewerbsbeschränkung" berücksichtigt wird.

In der Tat lag der Einführung des Tatbestandmerkmals „kleine und mittlere Unternehmen" auch nicht der Gedanke zugrunde, ein weiteres wettbewerbliches Korrektiv zu schaffen. Vielmehr war Sinn und Zweck des vom Wirtschaftsausschuß zusätzlich eingefügten Tatbestandmerkmals, die Zielvorstellung des Gesetzgebers stärker im Gesetzestext zum Ausdruck zu bringen[80]. Diese Zielvorstellung ging dahin, strukturelle Nachteile kleiner und mittlerer Unternehmen auszugleichen. Man wollte verdeutlichen, daß Kartelle von Großunternehmen nicht unter § 5 b GWB subsumiert werden können[81]. Entscheidendes wettbewerbliches Regulativ sollte weiterhin das Tatbestandsmerkmal „keine wesentliche Wettbewerbsbeschränkung" sein[82].

---

[79] Siehe oben Zweiter Teil A I 1 a) bb) (3).

[80] BT.-Dr. 7/765, S. 3.

[81] BT.-Dr. 7/765, S. 3.

[82] BT.-Dr. 7/765, S. 3.

Besteht die Funktion des Tatbestandmerkmals der „kleinen und mittleren Unternehmen" somit in der Abgrenzung des Bereichs der strukturell benachteiligten Unternehmen, so kann hierfür nicht allein der Marktanteil entscheidendes Kriterium sein. Vielmehr hängt die Entscheidung, ob ein Unternehmen mittelständisch strukturiert ist, von zahlreichen weiteren Faktoren, wie Finanzkraft, Umsatz, persönlicher Mitarbeit des Unternehmers etc., ab.

Wird somit eine ausschließlich am Marktanteil orientierte Betrachtung dem Tatbestandsmerkmal der „kleinen und mittleren Unternehmen" nicht gerecht, so stellt sich die weitergehende Frage, ob auf die Größenrelation zu den Mitbewerbern ganz verzichtet werden kann und damit eine Einteilung ausschließlich auf Grund eines vertikalen Größenvergleichs im Falle der Gegengewichtsbildung möglich oder sogar geboten ist.

Einem ausschließlich vertikal orientierten Größenvergleich für den Fall der Gegengewichtsbildung stehen jedoch die bereits erhobenen Bedenken entgegen: Während in § 38 II Nr. 1 GWB die Leistungsfähigkeit *gegenüber* Großunternehmen oder großbetrieblichen Unternehmensformen erhöht werden soll, findet sich in § 5 b GWB keine entsprechende finale Ausrichtung des Tatbestandes. Dieser enthält keine Anhaltspunkte, die für eine unterschiedliche Abgrenzung der Unternehmen je nach Zweck der Kooperation (Nebengewicht oder Gegengewicht) sprechen können. Auch war der Gegengewichtsgedanke bei der Einführung des § 5 b GWB höchstens ein untergeordnetes Motiv, das es kaum rechtfertigen dürfte, andere strukturelle Aspekte völlig zu vernachlässigen.

Weder erscheint somit eine rein horizontale, an Marktanteilen ausgerichtete, Beurteilung als zulässig noch eine rein vertikale Betrachtung. Vielmehr dürfte der Gesetzgeber im Rahmen des § 5 b GWB von einer einheitlichen Größenbestimmung ausgegangen sein, die alle wesentlichen strukturellen Elemente umfaßt. Dazu zählen Marktanteil, Umsatz, Finanzkraft, aber auch die Stellung gegenüber Marktpartnern auf der Marktgegenseite[83]. Da die Umstände in ihrer Gesamtheit zu bewerten sind[84], erscheint es auch denkbar, daß ein Unternehmen, das über einen hohen Marktanteil auf einem kleinen Spezialmarkt verfügt, trotzdem als „klein" im Sinne des § 5 b GWB einzustufen ist, weil es ausgesprochen mittelständisch strukturiert ist.

Wettbewerbspolitisch erscheint eine solche Einordnung wegen des hohen Marktanteiles bedenklich. Sie ist es jedoch deshalb nicht, weil für die Zulässigkeit einer Kooperation nach § 5 b GWB letztlich maß-

---

[83] So auch GK, § 5 b Rdnr. 35.

[84] Langen, § 5 b Rdnr. 13 spricht von Gesamtbetrachtung.

gebend ist, ob der Wettbewerb nicht wesentlich beeinträchtigt wird. Ob dies der Fall ist, ist jedoch anhand des Tatbestandmerkmals ‚keine wesentliche Beschränkung des Wettbewerbs' zu beurteilen. Dieses Merkmal ist das eigentliche wettbewerbliche Korrektiv, das einer Kooperation in dem oben gebildeten Beispiel entgegenstehen würde.

Als Ergebnis ist somit festzustellen, daß im Rahmen der Gegengewichtsbildung die Größenbestimmung des § 5 b GWB nach anderen Kriterien erfolgt als die Größenbestimmung des § 38 II Nr. 1 GWB. Dieses auf den ersten Blick unbefriedigende unterschiedliche Auslegungsergebnis des gleichen Tatbestandmerkmales beruht jedoch letztlich auf dem Umstand, daß der Gegengewichtsgedanke in § 5 b GWB nicht oder zumindest nicht unmittelbar Eingang gefunden hat.

(2) Förderung der Leistungsfähigkeit durch Rationalisierung

Wie im Rahmen der Mittelstandsempfehlung muß auch beim Mittelstandskartell eine Förderung der Leistungsfähigkeit der Klein- und Mittelbetriebe angestrebt werden. Dabei gilt wie im Rahmen des § 38 II Nr. 1 GWB, daß eine Änderung der Einkommensverteilung allein die Leistungsfähigkeit noch nicht erhöht[85]. Dieses Ergebnis läßt sich für § 5 b GWB noch eindeutiger ableiten als im Rahmen der Mittelstandsempfehlung, da im Rahmen des § 5 b GWB die Förderung der Leistungsfähigkeit auf einer Rationalisierung wirtschaftlicher Vorgänge beruhen muß[86], die Verhinderung von Mißbrauch jedoch keine Rationalisierung ist[87].

Aus dem Erfordernis der Steigerung der Leistungsfähigkeit durch Rationalisierung ergibt sich daher die Unzulässigkeit bloßer Preisabreden[88].

Allerdings sind Preisabreden wie auch im Rahmen der Mittelstandsempfehlung nicht völlig ausgeschlossen[89]; sie sind vielmehr insoweit zulässig, als sie in Zusammenhang mit Rationalisierungsmaßnahmen stehen[90].

---

[85] s. o. Zweiter Teil A I 1 a) bb) (2).

[86] GK, § 5 b Rdnr. 12, 33.

[87] Das BKartA versteht unter Rationalisierung „in Anwendung des ökonomischen Prinzips durch innerbetriebliche Maßnahmen das Verhältnis von Aufwand zu Ertrag — von Kosten und Leistung — zu verbessern". So BKartA WuW/E 1225, 1227 (Krawatten-Submission). Zustimmend GK, § 5 Rdnr. 1; FK § 5 Rdnr. 47; Teichmann, WuW 1974, S. 449, 450; Emmerich, Zulässigkeit der Kooperation, S. 38. Vgl. auch die folgenden Ausführungen zu den §§ 5, 5 a GWB.

[88] BWMi, Kooperationsfibel, S. 46; Teichmann WuW 1974, S. 449, 450.

[89] Das BWMi nennt in der Kooperationsfibel, S. 46, z. B. den Fall einer Werbe- oder Vertriebsgemeinschaft. Vgl. hierzu auch das Schreiben des BWMi zur Gemeinschaftswerbung kleiner und mittlerer Unternehmen an alle Landeskartellbehörden, abgedruckt in WuW 1974, S. 670, 672.

Für die Gegengewichtsbildung nach § 5 b GWB bedeutet dies eine Einschränkung: Das Erfordernis der Erhöhung der Leistungsfähigkeit zwingt die Unternehmen unter Umständen zu einer stärkeren Koordinierung oder sogar zu einer Ausgliederung einzelner oder mehrerer Unternehmensfunktionen, also zu mehr, als dies zur reinen Gegenmachtsbildung erforderlich wäre. Denn nur durch eine gemeinsame Vertriebsorganisation und ähnliches läßt sich der Nachweis der Rationalisierung und der damit verbundenen Förderung der Leistungsfähigkeit führen. Dieser Zwang zur leistungssteigernden Kooperation erscheint unter Gegengewichtsgesichtspunkten unzweckmäßig. Tatsächlich ist er aber der notwendige Ausgleich für die Reduzierung des „Innenwettbewerbs" der Kartellmitglieder. Da in jedem Fall dieser „Innenwettbewerb" reduziert wird, soll die durch die Förderung der Leistungsfähigkeit erhöhte Wettbewerbsfähigkeit nach außen einen Ausgleich schaffen, um den Wettbewerb auf dem Markt insgesamt nicht zu beseitigen[91].

(3) Keine wesentliche Beschränkung des Wettbewerbs

Im Gegensatz zu § 5 a GWB stellt § 5 b GWB nicht darauf ab, daß noch ein wesentlicher Wettbewerb bestehen bleibt, sondern maßgebend ist, daß der Wettbewerb nicht wesentlich eingeschränkt wird. Vergleicht man die beiden Tatbestandsmerkmale, so ergibt sich, daß dasjenige in § 5 b GWB enger ist: Auch eine wesentliche Beeinträchtigung des Wettbewerbs kann noch wesentlichen Wettbewerb bestehen lassen[92]. Eine Vereinbarung, die nach § 5 a GWB unter diesem Gesichtspunkt noch zulässig wäre, könnte somit nach § 5 b GWB nicht legalisiert werden. § 5 b GWB ist also die schärfere Fassung[93].

Aus diesem entscheidenden Tatbestandsmerkmal des § 5 b GWB[94] folgt eine Begrenzung des Anwendungsbereiches von Mittelstandskartellen zum Zwecke der Gegengewichtsbildung. Die Berechtigung dieses restriktiven Tatbestandsmerkmales nicht nur bei der Bildung von Nebengewichten, sondern auch bei der Abwehr von Marktmacht auf vor- oder nachgelagerter Stufe, ergibt sich aus der bereits beschriebenen Sekundärwirkung der Gegengewichtsbildung: Primär zielt

---

[90] Benisch, Kooperationsfibel, S. 70: „Die Wettbewerbsbeschränkung im Innenverhältnis soll durch eine Verstärkung der Wettbewerbskraft der Partner nach außen kompensiert werden." Vgl. hierzu auch Teichmann, Kooperation, S. 940.

[91] Insoweit konnte sich der Bundesrat im Gesetzgebungsverfahren nicht durchsetzen. Vgl. den Bericht des Ausschusses für Wirtschaft, BT.-Dr. 7/765 S. 4.

[92] Ebenso Teichmann, WuW 1974, S. 449, 457; GK, § 5 b Rdnr. 23; Langen, § 5 b Rdnr. 9; Dörinkel, WuW 1973, S. 827, 828.

[93] Bericht des Wirtschaftsausschusses, BT.-Dr. 7/765, S. 3.

[94] Teichmann, WuW 1974, S. 449, 450 f.

die Gegengewichtsbildung zwar auf eine Änderung der Austauschbeziehung ab, sekundär ergeben sich aber Wettbewerbsbeschränkungen durch die Bildung des Abwehrkartells. Daraus folgt, daß Gegengewichtsbildung nur innerhalb eines Rahmens zulässig ist, der sich nicht wesentlich negativ auf die Wettbewerbsintensität auswirkt.

Wann konkret liegt aber nun eine wesentliche Beeinträchtigung vor? Der Wirtschaftsausschuß nennt als kritische Grenze einen kartellierten Marktanteil von 10 - 15 %, sofern die Absprache auch Preisbestandteile enthält. Entscheidend käme es allerdings auf die Qualität der Absprache an, im Extremfall könne auch eine branchenumfassende Beteiligung hingenommen werden[95].

Entscheidend ist in der Tat die Art und Weise der Beschränkung und Koordinierung von Aktionsparametern der Beteiligten. So gehen von Vereinbarungen über Preise mit großer Wahrscheinlichkeit stärkere Wirkungen auf die Wettbewerbsintensität aus als z. B. von einer Abstimmung der Garantiefristen.

Problematisch erscheint jedoch die Fixierung des Ausschusses auf Marktanteile, gibt diese marktmorphologische Betrachtungsweise doch nur ein Indiz für die Wettbewerbssituation auf dem jeweiligen Markt[96]. Erforderlich ist vielmehr die Einbeziehung weiterer Merkmale wie Marktverhalten, Reaktionsverbundenheit der Konkurrenten, Substitutionswettbewerb und unsichtbare Konkurrenz[97]. Nur die Gesamtheit aller Faktoren, die für die Wettbewerbsintensität bestimmend sind, läßt erkennen, ob eine Kooperationsvereinbarung nach § 5 b GWB zu einer wesentlichen Einschränkung des Wettbewerbs führt oder nicht. Dies muß auch für den hier interessierenden Fall eines Gegengewichtskartells gelten. Nur im Zusammenhang mit einer Gesamtbetrachtung des Marktes wird die Würdigung einer Absprache möglich. Die Einschränkung eines bestimmten Aktionsparameters kann auf einem Markt noch nicht einmal fühlbar sein, auf einem anderen Markt, wo dies die letzte Form eines Geheimwettbewerbes sein mag, dagegen Wettbewerb ganz beseitigen.

Beizustimmen ist dem Wirtschaftsausschuß allerdings insofern, als Beschränkungen der Preisgestaltung im Regelfall am ehesten zu einer wesentlichen Einschränkung des Wettbewerbes führen[98]. Da im Abwehrkartell primär die Gestaltung des Austauschverhältnisses geregelt wird, damit die Einkommensverteilung und somit konkret die Ge-

---

[95] BT.-Dr. 7/765, S. 4.

[96] Vgl. hierzu Teichmann, WuW 1974, S. 449, 459 f.; Ebel, NJW 1973, S. 1577, 1578.

[97] So auch Langen, § 5 b Rdnr. 9.

[98] BT.-Dr. 7/765, S. 4.

staltung von Leistung und Gegenleistung, besteht eine hohe Wahrscheinlichkeit, daß insbesondere der Regelungsinhalt von Abwehrkartellen zu einer wesentlichen Beschränkung des Wettbewerbs führt und damit unzulässig ist. Da ein Gegengewichtskartell die wesentlichen Aktionsparameter beschränken müßte, erscheint die Zulässigkeit eines branchenumfassenden Abwehrkartells ausgeschlossen[99, 100].

c) *Gegengewichtsbildung durch Wettbewerbsregeln (§§ 28 ff. GWB)*

aa) Der Gegengewichtsgedanke als Motiv für die Neufassung des § 28 II GWB

Nach der Begründung zum Regierungsentwurf der zweiten GWB-Novelle soll die Neufassung des § 28 II GWB „kleinen und mittleren Unternehmen dabei helfen, Wettbewerbspraktiken entgegenzutreten, die dem Gedanken des Leistungswettbewerbs zuwiderlaufen"[101].

Die Formulierung „kleine und mittlere" Unternehmen läßt den Schluß zu, daß auch hier der Gegen- und Nebengewichtsgedanke Eingang gefunden hat. Einen entsprechenden Niederschlag für eine solche Konzeption findet sich jedoch im Gesetzestext nicht: Die Wettbewerbsregeln können vielmehr auch von Verbänden und Vereinigungen aufgestellt werden, deren Mitglieder ausschließlich Großbetriebe sind.

Trotz dieser weiten Fassung des Adressatenkreises im Gesetzestext ist nicht zu verkennen, daß der Schutz des Mittelstandes gerade für die Novellierung des § 28 II GWB ein tragendes Motiv war. So steht die Novellierung des § 28 II GWB neben den Neufassungen der §§ 5 b, 26 II und 38 II Nr. 1 GWB, die alle unter dem Aspekt der Kooperationsförderung und des Mittelstandsschutzes Inhalt der 2. GWB-Novelle wurden[102].

Auch in der Begründung der Novelle ist wiederholt die Auffassung vertreten, daß die Wettbewerbsregeln ein Abwehrmittel gegen einen Verdrängungswettbewerb sein sollen, der allein mit Marktmacht betrieben werde. Hierbei wird betont, daß die Wettbewerbsregeln sich tendenziell gegen alle von §§ 22 ff. GWB erfaßten Verhaltensweisen richten können, Verhaltensweisen also, die auf Marktmacht beruhen[103].

---

99 Wirtschaftsausschuß, BT.-Dr. 7/765, S. 4, der nur bei unbedeutenden Aktionsparametern die Zulässigkeit branchenumfassender Kartelle für möglich hält.

100 Zur Problematik einzelner, sich überschneidender Kartelle, die flächendeckend den Markt abschließen, Veltins, DB 1978, S. 239, 241.

101 BT.-Dr. 6/2520, S. 34.

102 Sack, GRUR 1975, S. 297, 304; Hönn, GRUR 1977, S. 141, 146 und die Begründung zur Gesetzesnovelle, BT.-Dr. 6/2520, S. 14 ff.

103 BT.-Dr. 6/2520, S. 35; hierzu Langen, § 28 Rdnr. 13.

Sollen die Wettbewerbsregeln ein Abwehrmittel der Klein- und Mittelbetriebe gegen marktmächtige Unternehmen sein, so hat dies nicht nur auf horizontaler Ebene Bedeutung, sondern ist besonders im Hinblick auf Ausbeutung. Diskriminierung und Anzapfen im vertikalen Verhältnis von Relevanz[104]. Die Wettbewerbsregeln haben somit auch den Sinn, ein Machtgefälle gegenüber Lieferanten oder Abnehmern auszugleichen[105].

In Übereinstimmung mit Hönn[106] ist daher festzustellen, daß Motiv der Neufassung des § 28 II GWB auch die Erleichterung der Möglichkeiten zur Gegengewichtsbildung war.

bb) Beispiele der Gegengewichtsbildung durch Wettbewerbsregeln

Die Bekämpfung des Mißbrauchs von Nachfragemacht durch Wettbewerbsregeln erfolgt regelmäßig indirekt: Da die Nachfrager nur begrenzt bereit sein werden, ihre Machtposition zu beschneiden, erfolgt das Unterbinden des mißbräuchlichen Verhaltens mittelbar durch die Regelung des Verhaltens der von der Marktmacht betroffenen Anbieter.

Entsprechend sind die Wettbewerbsregeln des Markenverbandes aufgebaut, deren Eintragung 1976 erfolgte[107]. So regeln diese Wettbewerbsregeln, die für die zukünftige Entwicklung exemplarisch sein dürften[108], in Nr. 1 das Verbot des „Sich-Anzapfen-Lassens". Damit wird mittelbar das aktive Anzapfen durch Nachfrager unterbunden, z. B. in Form des Forderns von Eintrittsgeldern, Investitionszuschüssen, Einrichtungszuschüssen, Jubiläumszuwendungen etc. (vgl. Nr. 1). Ähnliche Wirkung hat das Verbot der Zahlung von Schaufenstermieten, Regalmieten oder sonstigen Platzmieten (Nr. 2), wie auch das Verbot der unentgeltlichen Bereitstellung herstellereigenen Verkaufspersonals (Nr. 4).

In allen genannten Fällen soll durch das Verbot des „Sich-Ausbeuten-Lassens" letztlich das Ausbeuten durch die Marktgegenseite unterbunden werden.

---

104 Sack, GRUR 1975, S. 297, 304.

105 Vgl. Kartte, Wettbewerbsregeln u. Mittelstandsempfehlung, S. 68.

106 Hönn, GRUR 1977, S. 141, 146; vgl. auch Benisch, Grundlagen, S. 83 f.; Sölter, WRP 1977, S. 445, 452 f.

107 WRP 1976, S. 576 ff.

108 Friesen, DB 1978, Beilage 6, S. 16. Tatsächlich sind in der Zwischenzeit eine ganze Reihe weiterer Verbände dem Beispiel des Markenverbandes gefolgt und haben dessen Wettbewerbsregeln inhaltlich übernommen. Vgl. BKartA TB 1977, BT.-Dr. 8/1925, S. 34.

cc) Beurteilung der Gegengewichtsbildung im Rahmen von Wettbewerbsregeln

Der Anwendungsbereich der Wettbewerbsregeln ist durch den neueingefügten Tatbestand der „Wirksamkeit eines leistungsgerechten Wettbewerbs" unscharf geworden, da der Begriff des leistungsgerechten Wettbewerbs im Gesetz nicht definiert ist und der Ausfüllung durch die Praxis bedarf[109]. Die Beurteilung der Gegengewichtsbildung durch Wettbewerbsregeln hängt daher wesentlich von der Auslegung dieses Tatbestandsmerkmales ab.

(1) Wettbewerbsregeln gegen Leistungsverzerrungen

Erklärtes Ziel der Wettbewerbsregeln soll nach der Begründung des zweiten Änderungsgesetzes sein, Leistungsverzerrungen im Wettbewerbsprozeß zu bekämpfen: „Der Wettbewerb kann seiner Aufgabe, jeweils die beste Leistung zur Geltung zu bringen, aber nur gerecht werden, wenn seine Auslesefunktion nicht dadurch verfälscht wird, daß Unternehmen nicht leistungsgerechte Vorteile und Vorsprünge im Wettbewerb einsetzen[110, 111]."

Dieses Ziel wird zum einen durch den schon im alten Gesetz enthaltenen Lauterkeitstatbestand erfüllt. Da dieser jedoch nach h. M. nur solche Verhaltensweisen erfaßte, die unlauter oder zumindest mittelbar unlauter waren[112], hat der Gesetzgeber mit der Novellierung des § 28 GWB durch Einführung des Leistungswettbewerbstatbestandes den Anwendungsbereich der Wettbewerbsregeln erweitert[113]. Wettbewerbsregeln sollen sich also nicht mehr auf die Feststellung von Tatbeständen beschränken müssen, die den Geboten oder Verboten des Gesetzes gegen unlauteren Wettbewerb oder ähnlicher Gesetze widersprechen[114].

Wie sich der Begründung des Gesetzgebers entnehmen läßt, wurde der unbestimmte Rechtsbegriff des leistungsgerechten Wettbewerbs

---

109 Schmiedel, WuW 1975, S. 743, 745. Schmiedel ist der Auffassung, der Gesetzgeber habe ein Schlagwort eingeführt. Auch Emmerich, ZGR 1976, S. 167, 184 f. hält den Begriff des Leistungswettbewerbs als normativen Maßstab für ungeeignet. Vgl. auch die Kritik von Mestmäcker, ZfgStW 129, S. 89, 96; Dörinkel, WuW 1973, S. 827, 830; Hamm, WuW 1975, S. 115, 116 ff.; Versteyl, S. 125 ff.

110 BT.-Dr. 6/2520, S. 34.

111 Zustimmend Benisch, Wettbewerbsverzerrungen, S. 44 ff.

112 Sack, GRUR 1975, S. 297, 298 ff. m. w. N.

113 Insoweit ist unverständlich, daß Emmerich, ZGR 1976, S. 167, 185 auch für den neuen § 28 II GWB einen konkreten Lauterkeitsbezug verlangt. Dem steht der eindeutige Wille des Gesetzgebers entgegen, den Anwendungsbereich der Wettbewerbsregeln zu erweitern. Siehe auch BT.-Dr. 6/2520, S. 34 f.

114 Friesen, DB 1978, Beilage 6, S. 15.

synonym mit dem des Leistungswettbewerbes verwandt[115], so daß sich aus einer etwaigen unterschiedlichen Terminologie keine Schlüsse ziehen lassen.

Festgestellt wurde allerdings in den Ausschußberatungen, daß der Begriff des leistungsgerechten Wettbewerbs auf den Schutz des Wettbewerbs, wie er im GWB als Ordnungsprinzip verankert ist, abzielt[116]. Schutzobjekt des GWB wiederum ist ein Wettbewerb, der seine statischen und dynamischen Funktionen, insbesondere die Auslesefunktion, erfüllt[117]. Diese Funktionen werden nur dann korrekt erfüllt, wenn die Leistungen unverfälscht auf dem Markt dargeboten werden, also z. B. nicht durch Marktmacht verzerrt werden. Wettbewerbsregeln dürfen Wettbewerbshandlungen folglich insoweit einschränken und untersagen, als diese nicht darauf abzielen, den Mitbewerber durch Leistung, sondern durch Einsatz von Marktmacht, zu überflügeln[118]. Wettbewerbsregeln können daher tendenziell das gleiche Verhalten ausschließen, das auch im Rahmen der §§ 22, 26 II GWB aufgegriffen werden kann[119], ja sie können sogar diese Vorschriften konkretisieren[120].

Im vertikalen Verhältnis kommen als leistungswidrige Verhaltensformen insbesondere die Fälle des Anzapfens in Betracht[121]. Diese werden durch Einsatz von Marktmacht erzwungen und dienen der Durchsetzung nicht leistungsgerechter Austauschbedingungen. Die Wettbewerbsregeln erscheinen hier geeignet, im Wege der Gegengewichtsbildung leistungsverzerrende Geschäftspraktiken auszuschließen[122].

Dabei ist auch unbedenklich, daß sich die Wettbewerbsregeln an marktstarke Unternehmen richten können, denn die Wettbewerbsregeln sollen und dürfen nur solches Verhalten ausschließen, das unlauter oder nicht leistungsgerecht ist. Da es darum geht, die jeweils vorhandene betriebliche und unternehmerische Leistungsfähigkeit un-

---

115 So werden beide Termini in der Begründung zur Novelle, BT.-Dr. 2520, S. 34, verwandt.

116 BT.-Dr. 6/2520, S. 34; hierzu Schmiedel, WuW 1975, S. 743, 746 f. und Hamm, WuW 1975, S. 115, 127.

117 Langen, § 28 Rdnr. 12.

118 Benisch, Grundlagen, S. 84; Sack, GRUR 1975, S. 297, 303. Ähnlich Hönn, GRUR 1977, S. 141, 144, nach dem Nichtleistungswettbewerb vorliegt, wenn Unternehmen sich durch den Einsatz von Macht oder durch unlauteres Verhalten einen Vorsprung im Wettbewerb verschaffen, den sie ohne Macht bzw. bei lauterem Verhalten nicht erreicht hätten.

119 BT.-Dr. 6/2520, S. 35.

120 Langen, § 28 Rdnr. 13.

121 Vgl. im einzelnen die Wettbewerbsregeln des Markenverbandes, WRP 1976, S. 576 ff.

122 Hönn, GRUR 1977, S. 141, 147.

verfälscht auf dem Markt zur Geltung zu bringen[123], erscheint die Kritik von Schuhmacher, Wettbewerbsregeln hätten möglicherweise überschießende Tendenz, nicht gerechtfertigt[124].

Nicht verkannt werden darf allerdings auch die Gefahr einer mißbräuchlichen Verwendung des unbestimmten Rechtsbegriffes „leistungsgerechter Wettbewerb“. Das Unterbinden von Verhaltensweisen, die angeblich der Wirksamkeit eines leistungsgerechten Wettbewerbs zuwiderlaufen, darf nicht dazu führen, „daß nur noch ein enger Spielraum für Geschäftsverhandlungen bliebe oder gar ein allgemeiner Kontrahierungszwang eingeleitet würde“[125]. Das Erstellen von Wettbewerbsregeln darf im Extremfall nicht dazu führen, daß die eine Marktseite festlegt, was der „gerechte“ Preis ist[126].

Im Rahmen der Wettbewerbsregeln kann es nur darum gehen, mißbräuchliche Verhaltensweisen zu unterbinden und machtbedingte Sondervorteile zu untersagen[127]. Da das BKartA im Rahmen des Eintragungsverfahrens gem. §§ 29 ff. GWB die Voraussetzungen des § 28 II GWB zu prüfen hat, wird die weitere Entwicklung wesentlich von der Spruchpraxis des Amtes und der angerufenen Gerichte abhängen. Die bisherigen Erfahrungen, insbesondere mit den Wettbewerbsregeln des Markenverbandes[128], geben keinen Anlaß zur Befürchtung einer extensiven Auslegung. Im Gegensatz zur Vereinbarung gem. § 5 b GWB und zur Empfehlung nach § 38 II Nr. 1 GWB bietet das Eintragungsverfahren nach §§ 29 ff. GWB die Gewähr einer nicht zu großzügigen Handhabung der Kooperationsförderung[129].

(2) Wettbewerbsregeln als Mittel der Strukturpolitik

Eine andere Beurteilung der Wettbewerbsregeln im vertikalen Verhältnis könnte sich ergeben, wenn mit diesen weitergehende Zielsetzungen verfolgt werden sollten. Nach der Begründung des Regierungsentwurfes sollten Wettbewerbsregeln auch möglich sein, „um einen im Wettbewerb notwendigen Strukturwandel, der sich im konkreten

---

123 Hönn, GRUR 1977, S. 141, 145.

124 Schuhmacher, ZHR 1976, S. 317, 336.

125 Benisch, Wettbewerbsverzerrungen, S. 45.

126 Benisch, Wettbewerbsverzerrungen, S. 46.

127 Ebenso Lehmann, GRUR 1977, S. 633, 634, nach dem es um die schwierige Aufgabe geht, die richtige Abgrenzung zwischen einer für den dynamischen Anpassungsprozeß der Wirtschaft schädlichen Schutzzaun- und reinen Strukturerhaltungspolitik und einem ebenso schädlichen, nicht primär durch ökonomische Leistung, sondern durch Machtausübung bedingten Strukturauslese- und u. U. sogar Vernichtungsprozeß zu treffen.

128 WRP 1976, S. 576 ff.

129 Im Rahmen des Eintragungsverfahrens nach §§ 29 ff. GWB ist insbesondere die Beteiligung anderer Berufsorganisationen nach § 30 GWB zu begrüßen.

Fall zu rasch vollzieht und dadurch einen überstürzten, übermäßigen Konzentrationsprozeß begünstigt, zu verlangsamen"[130].

Würde man aus dieser Formulierung folgern, daß § 28 GWB eine umfassende Strukturpolitik ermöglichen soll, so wäre dies insbesondere im Hinblick auf das hier interessierende vertikale Verhältnis bedenklich, da dann eine Wirtschaftsstufe sich möglicherweise auf Kosten der vor- oder nachgelagerten Stufe sanieren könnte[131].

Als unstreitig zulässig waren oben unter (1) solche Regelungen anerkannt worden, die Nichtleistungswettbewerb ausschließen sollen. Dies bedeutet, daß Wettbewerbsregeln, die an sich leistungsfähigen Betrieben helfen, ihre Leistungen unverfälscht am Markt darzubieten, immer auch ein Stück Strukturpolitik sind[132]. Sie stellen aber weder Marktformdirigismus noch Erhaltungsmaßnahmen zugunsten einer Branche oder einzelner Betriebsgrößenklassen dar[133].

In Übereinstimmung mit Sack ist festzustellen, daß ein Betrieb dann schützenswert ist, „wenn seine Marktposition nicht wegen seiner geringen Leistungsfähigkeit (Preis, Qualität, Service usw.), sondern wegen der Marktmacht von Mitbewerbern gefährdet ist"[134]. Soll jedoch ein Grenzbetrieb trotz geringer Leistungsfähigkeit mittels Wettbewerbsregeln erhalten werden, so erscheint dies problematisch. Hamm hat sehr ausführlich die Ungeeignetheit von Wettbewerbsregeln als strukturpolitisches Instrument begründet[135]. Gedanklich vorgelagert ist aber die Frage, ob solche weitreichenden strukturpolitischen Zielsetzungen überhaupt in den Tatbestand des § 28 II GWB eingegangen sind.

Tatsächlich ergeben sich Bedenken, ob § 28 II GWB spezifische Strukturerhaltungsmaßnahmen zuläßt[136]. Das Tatbestandsmerkmal des leistungsgerechten Wettbewerbs zielt auf den funktionsfähigen Wettbewerb ab, wie er Schutzobjekt des GWB ist[137]. Ergebnis eines funktionsfähigen Wettbewerbs kann aber im Einzelfall auch ein Strukturwandel zu Lasten kleiner und mittlerer Unternehmen sein[138]. Die

---

130 BT.-Dr. 6/2520, S. 35.

131 Daß eine Strukturerhaltung zu Lasten Dritter geht, stellt Lehmann, GRUR 1977, S. 580, 583 fest: „Bekanntlich kann im Wirtschaftsleben die Förderung des einen immer nur zu Lasten des anderen erfolgen."

132 So weist Lehmann, GRUR 1977, S. 580, 586 darauf hin, daß GWB und UWG durch die Sicherung des Wettbewerbs indirekt strukturpolitische Relevanz erlangen. Ebenso Kartte, WRP 1976, S. 1.

133 Kartte, WRP 1976, S. 1: „Wettbewerbspolitik ist keine Strukturerhaltungspolitik."

134 Sack, GRUR 1975, S. 297, 304.

135 Hamm, WuW 1975, S. 115 ff.

136 Zweifel auch bei Hönn, GRUR 1977, S. 141, 143.

137 BT.-Dr. 6/2520, S. 34.

138 Sack, GRUR 1975, S. 297, 304.

Erhaltung einer bestimmten Marktstruktur im Wege des Marktformendirigismus stünde hierzu im Widerspruch.

Ein Bestandsschutz würde dem Tatbestandsmerkmal des „leistungsgerechten Wettbewerbs" auch insofern widersprechen, als der Leistungswettbewerb eine Auslesefunktion zu erfüllen hat und diese Auslesefunktion bei einer Erhaltungspolitik durch Wettbewerbsregeln beeinträchtigt würde. Aufgabe von Wettbewerbsregeln zur Sicherung der „Wirksamkeit eines leistungsgerechten Wettbewerbs" kann daher nicht der Schutz spezifischer Unternehmen oder Unternehmensgruppen sein[139]. Aufgabe von Wettbewerbsregeln kann vielmehr nur der Schutz des Leistungswettbewerbes sein, also eines Wettbewerbes, der sich durch unternehmerische Leistung in Produkt, Service etc. auszeichnet[140]. Sofern hiervon mittelständische Unternehmen begünstigt sind, werden zugleich strukturpolitische Zwecke erfüllt, ohne daß es sich jedoch um eine spezifische Form der Strukturpolitik handelt.

Nur in diesem Rahmen erscheint auch eine Gegengewichtsbildung durch Wettbewerbsregeln sinnvoll. Wäre eine spezifische Strukturerhaltungspolitik möglich, so bestünde die Gefahr der Einigung zu Lasten vor- oder nachgelagerter Wirtschaftsstufen mit der Folge, daß die Ausbeutung weiterer Wirtschaftsstufen vorprogrammiert wäre.

(3) Wettbewerbsregeln und die Wirksamkeit des Wettbewerbs

Die Unzulässigkeit von Wettbewerbsregeln allein zum Zwecke des Bestandsschutzes wirkt nicht nur der Tendenz entgegen, sich zu Lasten vor- oder nachgelagerter Wirtschaftsstufen zu sanieren, sondern sie schützt im allgemeinen zugleich die Wirksamkeit des Wettbewerbs: Da nur solche Wettbewerbsregeln zulässig sind, die auf einen Wettbewerb zielen, in dem der Konkurrent durch Leistung und nicht durch Marktmacht überflügelt wird, in dem somit derjenige gewinnt, der produktiver arbeitet, der sich schneller auf neue Bedürfnisse einstellt etc., wird ein Wettbewerb gefördert, der seine ökonomischen und außerökonomischen Funktionen erfüllt.

Dies gilt jedoch nur insoweit, als die Beseitigung des Nichtleistungswettbewerbs zu einer Konzentration auf den Leistungswettbewerb führt. Ist dies nicht möglich, weil auf einem bestimmten Markt der Nichtleistungswettbewerb die praktisch letzte Form wirksamen Wettbewerbs überhaupt darstellt[141], so steht dieser Nichtleistungswettbewerb der Wirksamkeit eines Leistungswettbewerbs nicht entgegen und kann damit nicht durch Wettbewerbsregeln unterbunden werden.

---

139 Ähnlich Lehmann, GRUR 1977, S. 633, 637.

140 Benisch, Grundlagen, S. 84.

141 Hönn, GRUR 1977, S. 141, 143.

Wettbewerbsregeln sind daher immer nur insoweit zulässig, als sie die Wirksamkeit des Wettbewerbs nicht tangieren[142].

Bei Beachtung dieser wettbewerblichen Grenze im Tatbestand des § 28 II GWB stellt die Regelung über die Aufstellung von Wettbewerbsregeln eine akzeptable Form der Gegengewichtsbildung dar: Der Wettbewerb wird auf das „Überflügeln" durch Leistung konzentriert, ohne daß es zu einer Einschränkung der Wirksamkeit des Wettbewerbs kommen darf.

dd) Zur Durchsetzbarkeit von Wettbewerbsregeln

Wesentlicher Kritikpunkt am Institut der Wettbewerbsregeln war seit seiner Einführung der Vorwurf, die Wettbewerbsregeln seien ein stumpfes Schwert, da kaum in einem Verband Wettbewerbsregeln gegen die großen Mitbewerber durchsetzbar seien[143].

Diese Kritik ist, soweit sie das horizontale Verhältnis der Wettbewerber betrifft, richtig, da die mittel- und kleinständischen Unternehmen die großen Konkurrenten majorisieren müssen, um mittelstandsfreundliche Regelungen zu erhalten.

Zur Abwehr von Marktmacht auf der vor- oder nachgelagerten Wirtschaftsstufe dürfte sich jedoch eine andere Beurteilung ergeben, weil im Kampf gegen die Marktgegenseite Interessengegensätze innerhalb einer bestimmten Handels- oder Dienstleistungsstufe weniger wahrscheinlich sind[144]. So wurden z. B. die Regeln des Markenverbandes, die unzweifelhaft der Abwehr von Marktgegenmacht dienen, innerhalb des Verbandes ohne Gegenstimme beschlossen[145]. Von den Kritikern wird daher vielfach übersehen, daß im Bereich der Gegengewichtsbildung nicht die marktmächtige Seite Wettbewerbsregeln aufstellen muß, sondern die von der Marktmacht betroffene Seite[146].

Auch dürften Wettbewerbsregeln im Kampf gegen die Marktgegenseite wirksamer sein als Mittelstandsempfehlungen. Zwar ist hinsichtlich der Formulierung der Empfehlung bzw. der Wettbewerbsregeln in beiden Fällen ein entsprechender Verbandsbeschluß erforderlich, im Bereich der Wettbewerbsregeln ist jedoch nach der Aufstellung der Wettbewerbsregeln die Befolgung zwingend. Damit ist die Wahr-

---

142 Ebenso Hönn, GRUR 1977, S. 141, 143, der zu Recht darauf hinweist, daß in der bisherigen Diskussion zu wenig beachtet wurde, daß § 28 II GWB nicht nur einfach den leistungsgerechten bzw. den Leistungswettbewerb als Maßstab des Zulässigen erklärt, sondern ausdrücklich die Wirksamkeit des Leistungswettbewerbs.

143 Dörinkel, WuW 1973, S. 827, 831.

144 Hönn, GRUR 1977, S. 141, 146 f.

145 BKartA, WRP 1976, S. 576.

146 Friesen, DB 1978, Beilage 6, S. 17.

scheinlichkeit, daß Verbandsmitglieder trotz Zustimmung bei der Formulierung der Abwehrmaßnahme später beim Abschluß der einzelnen Geschäfte doch wieder dem Druck der Abnehmer nachgeben, geringer. Dem Institut der Wettbewerbsregeln kann daher, bezogen auf das vertikale Verhältnis, nicht der Vorwurf gemacht werden, schon von der gesetzlichen Konstruktion her unbrauchbar zu sein.

2. Gegengewichtsbildung durch Kooperation: Vernachlässigung des Wettbewerbs durch Überbewertung des Gegengewichtsgedankens?

Die Idee der Gegengewichtsbildung hat nach den bisherigen Feststellungen in allen drei untersuchten Kooperationsvorschriften Eingang gefunden. Auf Grund verschiedener Stellungnahmen im Schrifttum besteht allerdings die Befürchtung, daß dieser oft nur beiläufig erwähnte Normzweck zu einer Denaturierung des eigentlichen Zwecks der Kooperationspolitik, nämlich dem der Förderung eines funktionsfähigen Wettbewerbs, führt. Vor dieser Entwicklung muß gewarnt werden.

Ein Beispiel für die Folgen dieser zweifelhaften Ausdehnung des Gegengewichtgedankens zu Lasten der Erhaltung eines aktiven Wettbewerbs ist die Kommentierung zu § 5 b GWB im Kommentar von Müller / Giessler / Scholz: Indem erwogen wird, den Wettbewerbsbegriff auf das vertikale Verhältnis auszudehnen, wird die Zulassung branchenumfassender Abwehrkartelle befürwortet[147]. In Verbindung mit einer Interpretation des Tatbestandsmerkmals der „Förderung der Leistungsfähigkeit" im Sinne einer Erhaltung der kooperierenden Unternehmen wird damit eine totale Vereinheitlichung der Unternehmenspolitik einer Branche zu Lasten vor- oder nachgelagerter Wirtschaftsstufen ermöglicht.

Zusammen mit den vom Gegenstand der Absprache her unbegrenzten Möglichkeiten zur zwischenbetrieblichen Zusammenarbeit[148] ließen sich damit Kartelle jeglicher Form und Größe vereinbaren. Dies wäre eine Entwicklung, die mit dem vom Gesetz intendierten Ziel der langfristigen Verbesserung der Voraussetzungen des Wettbewerbs[149] nichts mehr gemeinsam hätte.

---

147 Müller / Giessler / Scholz, § 5 b Rdnr. 8.

148 Der Ausdruck der „zwischenbetrieblichen Zusammenarbeit" wurde ausdrücklich deshalb gewählt, um alle Formen der Kooperation einschließlich der Ausgliederung einzelner Unternehmensfunktionen zu erfassen. So der Bericht des Wirtschaftsausschusses, BT.-Dr. 7/765.

149 So BMWi, Kooperationsfibel, S. 45.

II. Gegengewichtsbildung durch Rationalisierung (§§ 5, 5 a, 38 II Nr. 2 GWB)

1. Kollektive Rationalisierung als Abwehrinstrument

Vom Wettbewerb wird erwartet, daß dieser durch die ihm innewohnenden Antriebsfunktionen ein Höchstmaß an Produktivität und technischem Fortschritt erbringt[150]. Indem die einzelnen Wirtschaftsteilnehmer durch den Wettbewerb fortwährend zur Erbringung von Bestleistungen gezwungen werden, besteht für sie ein Zwang zur ständigen Rationalisierung. Die Aufrechterhaltung eines wirksamen Wettbewerbs ist daher grundsätzlich das geeignete Mittel zur Rationalisierung und damit zur Erhöhung des Wohlstandes. Beschränkungen des Wettbewerbs und Rationalisierung stehen insofern in einem Gegensatz zueinander[151].

Dieser Gegensatz zwischen Rationalisierung und Wettbewerbsbeschränkung entfällt, wenn die Rationalisierung lediglich kollektiv herbeizuführen ist, also im Wege zwischenbetrieblicher Zusammenarbeit. Für diese Fälle hat der Gesetzgeber das Normen- und Typisierungskartell (§ 5 I GWB), das einfache Rationalisierungskartell (§ 5 II GWB), das höherstufige Rationalisierungskartell (§ 5 III GWB) und das Spezialisierungskartell (§ 5 a GWB), sowie die Normen- und Typenempfehlung (§ 38 II Nr. 2 GWB) vom allgemeinen Kartell- bzw. Empfehlungsverbot ausgenommen.

Obwohl Zweck aller genannten Normen die Förderung der kollektiven Rationalisierung ist, wird damit nicht ausgeschlossen, daß die Rationalisierungsabsprache auch anderen Zielen dienen kann, wie dem Ziel der Gegengewichtsbildung.

Als Gegengewichtsmaßnahme kommt zunächst das Normungs- und Typisierungskartell (§ 5 I GWB) in Betracht, z. B. dann, wenn marktstarke Besteller Sonderanfertigungen wünschen, ohne zu entsprechender Vergütung des Mehraufwandes bereit zu sein[152].

Auch das Spezialisierungskartell (§ 5 a GWB) kann der Abwehr von Marktmacht dienen, indem es den beteiligten Unternehmen auf ihrem Spezialmarkt eine stärkere Machtstellung gegenüber Abnehmern oder Lieferanten einräumt[153].

Schließlich kann auch das höherstufige Rationalisierungskartell nach § 5 III GWB wegen der gesetzlich zulässigen Preis-, Beschaffungs- oder

---

[150] Vgl. die ökonomischen Wettbewerbsfunktionen, oben Erster Teil C II 2 a).

[151] Segelmann, S. 141.

[152] Benisch, Grundlagen, S. 81.

[153] Benisch, Grundlagen, S. 81.

Vertriebsabsprachen dem Abwehrgedanken dienen. Dabei kommt insbesondere das Verkaufssyndikat als Gegengewicht gegenüber Einkaufsmacht in Betracht[154].

Unter dem Gesichtspunkt der Gegengewichtsbildung besteht der wesentliche Vorteil einer Abwehrbildung durch Kartelle nach §§ 5, 5 a GWB bzw. durch die Empfehlung nach § 38 II Nr. 2 GWB darin, daß die Rationalisierungsabsprache im Gegensatz zu den Kooperationsvorschriften nicht auf Klein- und Mittelbetriebe beschränkt sein muß, also auch Großbetriebe an einer Abwehrbildung beteiligt sein können.

2. Grenzen einer Gegengewichtsbildung durch Rationalisierung

Dem Vorteil eines größeren Adressatenkreises im Rahmen der Gegengewichtsbildung durch §§ 5, 5 a, 38 II Nr. 2 GWB stehen allerdings andere Einschränkungen entgegen. Für die Gegengewichtsbildung bedeutsam sind folgende:

a) Der Rationalisierungsbegriff

Schon der den §§ 5, 5 a, 38 II Nr. 2 GWB zugrunde liegende Rationalisierungsbegriff schränkt die Möglichkeiten zur Abwehrbildung ein. Ausreichend ist nicht eine bilanzmäßige Verbesserung des Aufwand-Ertrags-Verhältnisses, was z. B. bereits durch eine reine Preisabsprache bewirkt werden kann[155], erforderlich ist vielmehr ein Rationalisierungserfolg in dem Sinne, daß wirtschaftliche Vorgänge im Hinblick auf die Verwirklichung des ökonomischen Prinzips so gestaltet werden, daß sie gegenüber dem früheren Zustand verbessert werden[156]. Rationalisierung bedeutet also die Verringerung des spezifischen Aufwandes bezogen auf die Produkteinheit[157]. Damit scheiden reine Einkommensumverteilungserfolge im vertikalen Verhältnis als Rationalisierungserfolg aus[158].

Trotzdem stellt sich die Frage, ob der Rationalisierungsbegriff zum Zwecke der Abwehrbildung gegen Marktmacht nicht weiter gefaßt werden muß.

---

[154] Benisch, Grundlagen, S. 82.

[155] BKartA, Beschluß vom 25. 7. 1968 (Krawatten-Submission), WuW/E BKartA 1228.

[156] BKartA, Beschluß vom 27. 10. 1959 (Steinzeugsyndikat) WuW/E BKartA 84; zustimmend Segelmann, S. 137 ff.

[157] BKartA, Beschluß vom 29. 12. 1960 (Textillohnveredelung) WuW/E BKartA 328; ähnlich BKartA, Beschluß vom 4. 10. 1962 (Langfräsmaschinen) WuW/E BKartA 520; ebenso Segelmann, S. 138 und Langen, § 5 Rdnr. 17.

[158] BKartA, Beschluß vom 29. 12. 1960 (Textillohnveredelung) WuW/E BKartA 328: „Vereinbarungen zur Erlösverbesserung verringern nicht die Produktionskosten, sondern verschieben nur die Einkommensverhältnisse zugunsten der Kartellmitglieder."

Stahl bejaht dies für die horizontale Nebengewichtsbildung dahingehend, daß Rationalisierung in einem weiteren, stärker marktbezogenen Sinne als eine Verbesserung der Wettbewerbsfähigkeit und der Marktchancen verstanden werden soll[159]. Entsprechend könnte man den Rationalisierungsbegriff im vertikalen Verhältnis auf die Steigerung der Abwehrkraft bzw. auf die Erhöhung der Verhandlungsfähigkeit ausdehnen. Eine solche weite Interpretation des Rationalisierungsbegriffes ist abzulehnen[160]. Der von Stahl befürworteten „Öffnung des Rationalisierungsbegriffes"[161] würde kein Äquivalent zum Schutz eines funktionsfähigen Wettbewerbs gegenüberstehen. Auch eine modifizierte Auslegung des Merkmals „angemessenes Verhältnis zwischen Rationalisierungserfolg und Wettbewerbsbeschränkung"[162] erscheint als Korrektiv ungeeignet. Ginge man diesen Weg, so käme es zu einer Abwägung zwischen Gegengewichtsbildung (= Rationalisierungserfolg) und Wettbewerb, bei der u. U. selbst erhebliche Wettbewerbsbeschränkungen zugunsten der Abwehrbildung in Kauf zu nehmen wären. Genau dies ist aber wegen der Fragwürdigkeit der Gegengewichtsbildung abzulehnen[163].

Wenn eine Gegengewichtsbildung ermöglicht werden soll, dann muß dies durch eine Norm geschehen, die zugleich den Wettbewerb angemessen sichert. Die §§ 5, 5 a, 38 II Nr. 2 GWB sind hierfür ungeeignet, weil im Rahmen dieser Vorschriften wesentliche Wettbewerbsbeschränkungen, z. B. in Form von Syndikaten, zulässig sind, um eine kollektive Rationalisierung zu ermöglichen. Die von Stahl befürwortete „Öffnung des Rationalisierungsbegriffes" würde in erheblichem Umfang Gegengewichtsmaßnahmen zu Lasten eines wirksamen Wettbewerbs ermöglichen, was der Gesetzgeber bisher aber abgelehnt hat.

Im Ergebnis kann daher eine Verbesserung der Verhandlungsposition gegenüber Lieferanten oder Abnehmern keine Rationalisierung im Sinn von §§ 5, 5 a und 38 II Nr. 2 GWB sein.

b) Verbesserung der Befriedigung des Bedarfs

Die durch die Rationalisierung bewirkte wesentliche Hebung der Leistungsfähigkeit oder Wirtschaftlichkeit der beteiligten Unternehmen muß nach § 5 II GWB zu einer Verbesserung der Befriedigung des Bedarfs der Abnehmer führen. Die Verbesserung der Bedarfsbefrie-

---

[159] Stahl, WuW 1978, S. 7, 12; vgl. auch BKartA, Bekanntmachung 37/38 vom 31. 3. 1978 = BAnz. Nr. 66 vom 7. 4. 1978, S. 3, 4.

[160] Veltins, DB 1978, S. 969, 971.

[161] Stahl, WuW 1978, S. 7, 12.

[162] Stahl, WuW 1978, S. 7, 12.

[163] Vgl. die Kritik an der Gegengewichtsbildung im ersten Teil dieser Arbeit, insbesondere C.

digung kann z. B. in einer Erhöhung der Qualität der Produkte liegen. Sie wird regelmäßig aber durch eine günstigere Preisgestaltung erfolgen, weil die Rationalisierung im allgemeinen das Ziel einer Kostensenkung hat[164].

Ausreichend ist also nicht allein eine Rationalisierung im Sinn der Verbesserung des ökonomischen Prinzips, vielmehr ist eine Weitergabe des Rationalisierungserfolges zu einem erheblichen Teil erforderlich[165]. Damit ist das Abwehrkartell gezwungen, seine Einkommensverbesserung teilweise an vor- oder nachgelagerte Wirtschaftsstufen abzugeben.

c) Berücksichtigung der wettbewerblichen Auswirkungen

Sowohl § 5 als auch § 5 a GWB erfordern eine Berücksichtigung der Auswirkungen des Rationalisierungskartells auf den Wettbewerb. Nach § 5 GWB muß der Rationalisierungserfolg in einem angemessenen Verhältnis zur Wettbewerbsbeschränkung stehen, während nach § 5 a GWB wesentlicher Wettbewerb auf dem Markt erhalten bleiben muß.

Für beide Normen stellt sich die Frage, ob im Rahmen der Gegengewichtsbildung nicht auch zu berücksichtigen ist, daß längerfristig der Wettbewerb durch die Verhinderung der Ausbeutung und Existenzvernichtung einzelner Wettbewerber gesichert werden kann.

Die Einbeziehung solcher Überlegungen in die Abwägung von Rationalisierungserfolg und Wettbewerbsbeschränkung ist jedoch abzulehnen[166]: Da der Wettbewerbsprozeß offen ist, lassen sich Aussagen über den zukünftigen Wettbewerbsprozeß nur unzureichend treffen. Mangels sicherer Prognosen sollten daher strukturelle Wettbewerbsaspekte, zumal zukünftiger Art, nicht in die §§ 5, 5 a und 38 II Nr. 2 GWB miteinbezogen werden[167].

---

[164] Segelmann, S. 151.

[165] BKartA, Beschluß vom 13. 8. 1965 (Zementverkaufsstelle Niedersachsen) WuW/E BKartA 1009; KG 8. 5. 1970 (Fernmeldekabelgemeinschaft) WuW/E OLG 1121.

[166] Vgl. oben Zweiter Teil A I 1 a) bb) (1) (c).

[167] Ebenso Stahl, WuW 1978, S. 7, 13. Auch das BKartA lehnte im Beschluß v. 29. 12. 1960 (Textillohnveredelung) WuW/E BKartA 328, 329 den Schutz einer bestimmten Branchenstruktur durch Maßnahmen nach §§ 5, 5 a GWB ab.

III. Gegengewichtsbildung durch Konditionen- und Rabattregelungen (§§ 2, 38 II Nr. 3, 3 GWB)

1. Gegengewichtsbildung durch Konditionenkartelle (§ 2 GWB) bzw. durch Konditionenempfehlungen (§ 38 II Nr. 3 GWB)[168]

a) Die rechtspolitische Begründung für die Freistellung von Konditionenkartellen und -empfehlungen

Begründet wird die Freistellungsmöglichkeit der Konditionenkartelle und -empfehlungen von dem allgemeinen Kartellverbot des § 1 GWB bzw. von dem allgemeinen Empfehlungsverbot des § 38 I Nr. 11 GWB einzelwirtschaftlich gesehen mit einem Rationalisierungseffekt, gesamtwirtschaftlich gesehen mit einer Erhöhung der Transparenz der Märkte.

Einzelwirtschaftlich soll die Vereinheitlichung der Vertragsbedingungen eine Rationalisierung des geschäftlichen Geschehens ermöglichen[169]. Durch die Typisierung der Verträge soll Zeit und Aufwand gespart werden.

Diese einzelwirtschaftliche Begründung allein reicht jedoch nicht für die Rechtfertigung der Zulassung von Konditionenregelungen aus. da jedes Unternehmen ohne Absprache mit anderen Wettbewerbern seine eigenen Allgemeinen Geschäftsbedingungen formulieren könnte.

Hinzu kommt vielmehr das gesamtwirtschaftliche Argument, daß die Vereinheitlichung der Konditionen einer Branche die Transparenz des gesamten Marktes erhöhe[170]. Durch Anwendung Allgemeiner Geschäftsbedingungen innerhalb einer ganzen Branche sollen sonst unvergleichbare Preise vergleichbar gemacht werden.

Inwieweit die dadurch erhoffte Wettbewerbsintensivierung tatsächlich erfolgt, ist aber zweifelhaft. Möglicherweise werden Konditionenabsprachen gerade in den Wirtschaftszweigen vereinbart, in denen schon der Preiswettbewerb wenig wirksam ist[171]. Die Vereinheitlichung des Nebenleistungswettbewerbs auf dem Gebiet der Konditionen kann dann den letzten verbleibenden Wettbewerb vernichten. Gerade der Konditionen- und Rabattwettbewerb ist vielfach in Form eines Geheimwettbewerbs der einzig wirksame Wettbewerb auf einem vermachteten Markt.

Die Bedeutung dieses Geheimwettbewerbs wurde besonders in den Auseinandersetzungen über die Zulässigkeit der Marktinformations-

---

[168] Zu der Empfehlung Allgemeiner Geschäftsbedingungen Rinck, WuW 1974, S. 291 ff.

[169] Rasch / Westrick, § 2 Rdnr. 2; FK, § 2 Rdnr. 6.

[170] Müller / Giessler / Scholz, § 2 Rdnr. 5; FK, § 2 Rdnr. 7.

[171] Langen, § 2 Rdnr. 3.

verfahren betont. So stellte das BKartA in seinem Tätigkeitsbericht 1965 fest, daß Preismeldesysteme den Beteiligten „das geheime Vorstoßen, den Wettbewerb mit versteckten Rabatten und Konditionen" erschweren[172]. Die vom BKartA[173] und vom Kammergericht[174] festgestellte Bedeutung des Geheimwettbewerbs auf stark vermachteten Märkten wurde dann auch zu Recht vom BGH[175] bestätigt.

Konditionenkartelle können daher auf bereits vermachteten Märkten durch die Beseitigung des Geheimwettbewerbs wirksamen Wettbewerb ausschließen.

Darüber hinaus erleichtert die Konditionenabsprache (versteckte) Preisabsprachen[176] und schafft den Abnehmern eine geschlossene Front von Anbietern, was ein Aushandeln günstigerer Konditionen mit einzelnen Konkurrenten unmöglich macht[177].

Ist also sehr zweifelhaft, ob Konditionenkartelle bzw. -empfehlungen den Wettbewerb intensivieren, so kann andererseits die Vereinheitlichung der Konditionen auch dazu dienen, gegenüber marktmächtigen Anbietern oder Abnehmern ein Gegengewicht zu bilden[178]. Im Wege der Konditionengestaltung ist es möglich, unangemessenen Forderungen der Marktgegenseite entgegenzutreten[179]. Beispielsweise kann ein Konditionenkartell der Abwehr überhöhter Skonti-Forderungen von Kunden dienen.

Konditionenkartelle und -empfehlungen sind somit als Mittel zur Ordnung eines leistungsgerechten Wettbewerbs denkbar[180].

b) Möglichkeiten und Grenzen der Gegengewichtsbildung durch Konditionenvereinbarungen

aa) Die regelungsfähigen Konditionen

Der zunehmende Einsatz von Nachfragemacht durch marktmächtige Unternehmen hat dazu geführt, daß Anbieter verstärkt neben der eigentlichen Hauptleistung weitere Leistungen gewähren müssen. Dazu

---

172 TB 1965, BT.-Dr. 5/530, S. 12.

173 BKartA WuW/E BKartA 1351 (Tuben); BKartA WuW/E BKartA 1369 (Aluminium-Halbzeug).

174 KG WuW/E OLG 1253 (Tuben); KG WuW/E OLG 1327 (Aluminium-Halbzeug).

175 BGH WuW/E BGH 1342 f. (Aluminium-Halbzeug).

176 Rasch / Westrick, § 2 Rdnr. 3.

177 Müller / Giessler / Scholz, § 2 Rdnr. 1.

178 Müller / Giessler / Scholz, § 2 Rdnr. 1.

179 Benisch, Grundlagen, S. 80.

180 Sölter, WRP 1977, S. 445, 453.

zählen Eintrittsgelder, Listungsgebühren, Investitionszuschüsse, Regal- und Ständermieten, Werbekostenzuschüsse, Jubiläumszuwendungen etc.

Für die Anbieter kann es von Interesse sein, gegen diese Forderungen eine Abwehrfront durch Maßnahmen gem. §§ 2, 38 II Nr. 3 GWB aufzubauen. Die Abwehr solcher zusätzlichen Forderungen im Wege einer Vereinbarung nach § 2 GWB bzw. einer Empfehlung nach § 38 II Nr. 3 GWB setzt voraus, daß es sich bei diesen zusätzlichen Leistungen überhaupt um Konditionen handelt.

Nach dem Frankfurter Kommentar umfaßt der Begriff der Geschäftsbedingung nicht nur die Nebenbedingungen eines Geschäftes, sondern schlechthin „die Rechte und Pflichten der Parteien aus dem Vertrage“[181]. Dabei werden Vereinbarungen über die Ware ebenso dazu gezählt wie alle übrigen Vertragsbestandteile, nur der Preis wird wegen des insoweit eindeutigen Normwortlautes ausgenommen.

Diese Ansicht stützt sich auf den allgemeinen Begriff der „Geschäftsbedingungen“, wie er sonst im Rechts- und Wirtschaftsleben verwendet würde. Ob der Begriff der „Geschäftsbedingungen“ im allgemeinen Rechts- und Wirtschaftsleben wirklich so weit gefaßt ist, erscheint zweifelhaft. Entscheidender ist jedoch, daß die Übernahme des so verstandenen Begriffs der Geschäftsbedingung zur Interpretation des § 2 GWB mit dem Zweck des GWB nicht vereinbar ist. Denn nach der vorgetragenen Ansicht wären Regelungen über Umfang und Inhalt des Leistungsangebotes der Kartellmitglieder zulässig. Solche Absprachen über die eigentliche Hauptleistung sind aber nach der Systematik des GWB grundsätzlich nicht möglich. Vielmehr enthält das Gesetz in § 5 GWB für Beschränkungen hinsichtlich der zu liefernden Waren eine besondere Freistellungsmöglichkeit, die nur unter engen Voraussetzungen gegeben ist[182]. Aus diesem Grunde „scheidet im Rahmen des § 2 GWB die kollektive Festlegung der zu liefernden Waren und der zu erbringenden gewerblichen Leistungen aus“[183]. Kartellabsprachen über die Ware, d. h. über die Hauptleistung, sind daher nach § 2 GWB unzulässig.

Damit ergibt sich die Aufgabe, Hauptleistung und Nebenleistung abzugrenzen. Das BKartA hat zum Konditionenkartell der Stoffdrucker ausgeführt, daß Regelungen unzulässig seien, die „mit der Abwicklung des Hauptgeschäftes nicht mehr in unmittelbarem Zusammenhang“ stehen, sondern in erster Linie die Regelung des Wettbewerbs auf einem anderen Markt bezwecken[184]. Die Regelung einer weiteren Hauptleistung ist somit keine Kondition mehr.

---

181 FK, § 2 Rdnr. 14.

182 Ebenso BKartA TB 1965, BT.-Dr. 5/530, S. 49.

183 Langen, § 2 Rdnr. 6; ebenso GK, § 2 Rdnr. 14.

Dieses Unmittelbarkeitskriterium ist jedoch zur Abgrenzung im Einzelfall wenig geeignet[185]. So läßt sich ohne ein Eingehen auf die konkreten Umstände des Vertragsschlusses nicht bestimmen, ob eine Regalmiete noch unmittelbar im Zusammenhang mit der Hauptleistung steht (dann Kondition) oder nur mittelbar (dann eigene Hauptleistung und damit keine Kondition).

Auch die Ansicht Langens, der darauf abstellt, ob der fragliche Vertragsteil die zu liefernden Waren nach Art und Menge festlegt[186], führt im vorliegenden Fall zu keinem eindeutigen Ergebnis. Erst wenn festgestellt ist, daß nur eine einzige Hauptleistung vorliegt, ist das Abgrenzungskriterium „Regelung nach Art und Menge“ brauchbar.

Maßgebend für die Beantwortung der Frage, ob die Vereinbarung z. B. einer Regalmiete eine Hauptleistung und damit eine nicht nach § 2 GWB regelbare Leistung ist oder nicht, muß vielmehr das Interesse der Vertragsparteien sein: Ist feststellbar, daß die in Frage stehende Regalmiete nur deshalb vereinbart wird, um einen Vertrag über die zu liefernde Ware herbeizuführen, so handelt es sich um keine selbständige Hauptleistung[187]. Nur wenn feststellbar ist, daß die Parteien die Regalmiete auch ohne den Kaufvertrag über die zu liefernde Ware abschließen würden, ist die Regalmiete eine selbständige Leistung.

Da eine wirtschaftliche Selbständigkeit von Leistungen, wie der Zahlung von Regalmieten etc., in der Regel nicht gegeben ist, handelt es sich um Nebenleistungen und damit um Konditionen, die durch Absprachen nach § 2 GWB regelbar sind. Damit besteht prinzipiell die Möglichkeit, im Wege von Konditionenkartellen Branchenvereinbarungen über Regalmieten, Sonderzuwendungen, Preisauszeichnung etc. zu treffen.

bb) Verbot bestimmter Nebenleistungen

Für die Gegengewichtsbildung gegen Nachfragemacht sind Vereinbarungen von besonderem Interesse, die bestimmte Nebenleistungen gänzlich untersagen. So kann z. B. daran gelegen sein, die Verpflichtungen zur Preisauszeichnung als unzulässige Kondition einzustufen.

Dieser Ausschluß bestimmter Konditionen durch Negativformulierungen ist möglich. Das BKartA hat im Konditionenkartell der deutschen Schuhindustrie die Regelung „Fixgeschäfte sind bei Erstauf-

---

184 TB 1960, BT.-Dr. 3/2734, S. 20; zustimmend Klaue, Kartellrecht, S. 20.

185 FK, § 2 Rdnr. 17.

186 Langen, § 2 Rdnr. 6.

187 Müller / Giessler / Scholz, § 2 Rdnr. 22 stellt auf die selbständige Regelung wettbewerblicher Tatbestände außerhalb des durch Abschluß und Abwicklung des Hauptgeschäftes bedingten Bereichs ab.

trägen ausgeschlossen“ zugelassen[188]. Es ist somit gleichgültig, ob die Klauseln in den Geschäftsbedingungen positiv oder negativ gefaßt sind[189].

Im Wege einer Kartellvereinbarung nach § 2 GWB oder einer Empfehlung nach § 38 II Nr. 3 GWB ist es daher möglich, bestimmte Nebenleistungen auszuschließen[190].

cc) Nebenleistungen nur gegen Vergütung?

Wollen die Kartellmitglieder bestimmte Nebenleistungen nicht gänzlich ausschließen, so kann von Interesse sein, zu vereinbaren, daß die Nebenleistungen nur entgeltlich erbracht werden.

Dabei ist jedoch zu beachten, daß § 2 I 2 GWB Konditionenvereinbarungen über Preise und Preisbestandteile ausschließt. So, wie die Hauptleistung keine Kondition im Sinne von § 2 GWB ist, so ist auch der Preis bzw. dessen einzelner Bestandteil keine Kondition. Dies stellt § 2 I S. 2 GWB ausdrücklich fest.

Regelmäßig wirken nun aber alle Konditionen auf den Preis ein, da dieser die Verteilung von Kosten und Risiken nicht nur der Hauptleistung, sondern aller Vertragsbestimmungen widerspiegelt[191]. Es sind daher grundsätzlich alle Konditionen preisbezogen. Diese Beziehung zum Preis bedeutet aber nicht, daß damit ein Preisbestandteil vorliegt[192]. Würde man Preisbeeinflussung und Preisbestandteil gleichsetzen, so wäre wegen des grundsätzlich gegebenen Bezugs aller Konditionen zum Preis eine Freistellung nach § 2 GWB bzw. eine Empfehlung nach § 38 II Nr. 3 GWB praktisch unmöglich.

Ein Preisbestandteil ist vielmehr nur dann gegeben, wenn ein Kalkulationselement beziffert oder im Zusammenhang mit anderen Vertragsbestimmungen bezifferbar ist[193]. Eine solche Bezifferbarkeit liegt bereits dann vor, wenn für eine Nebenleistung ein bestimmter Prozentsatz vom Warenpreis zugrunde zu legen ist. Dabei ist unerheblich, daß der Grundpreis frei variieren kann[194].

Entscheidend ist vielmehr, daß sowohl der Preis als auch der einzelne Preisbestandteil in seiner Höhe „spielt“[195]. Daher ist bei Klauseln

---

188 WuW 1961, S. 855 f.

189 Langen, § 2 Rdnr. 9.

190 Brunn, WuW 1958, S. 135, 137 f.; Rasch / Westrick, § 2 Rdnr. 5; Müller / Giessler / Scholz, § 2 Rdnr. 16 a.

191 Langen, § 2 Rdnr. 9; FK, § 2 Rdnr. 29; Müller / Giessler / Scholz, § 2 Rdnr. 32.

192 FK, § 2 Rdnr. 29.

193 FK, § 2 Rdnr. 29.

194 Müller / Giessler / Scholz, § 2 Rdnr. 39.

über Nebenleistungen eine Bezifferung oder Bezifferbarkeit des Entgelts zu vermeiden. Zulässig sind dagegen Abreden, die eine Entgeltlichkeit vorschreiben, ohne die Höhe des Entgeltes zu beziffern oder eine Bezifferbarkeit zu ermöglichen. Zulässig ist daher z. B. die Vereinbarung „Käufer trägt Versandkosten ab Fabrik“[196]. Konditionen können daher klarstellen, welche Nebenleistungen im Rahmen der Folgeverträge nicht ohne zusätzliches Entgelt des Empfängers erbracht werden[197].

dd) Die Behandlung von Eintrittsgeldern und Listungsgebühren

Ein besonderes Problem der Nachfragemacht sind „Eintrittsgelder“, die von Lieferanten gefordert werden, sofern diese mit den nachfragemächtigen Unternehmen in Geschäftsverbindung kommen wollen. Eine ähnliche Funktion haben „Listungsgebühren“, die von marktmächtigen Nachfragern dafür erhoben werden, daß ein bestimmter Lieferant in die Lieferantenkartei aufgenommen wird oder dort verbleibt. Im Rahmen der Bildung von Marktgegenmacht sind Abwehrregelungen über solche Eintrittsgelder und Listungsgebühren von besonderer Wichtigkeit.

Bedenken gegen die Zulässigkeit solcher Regelungen ergeben sich jedoch daraus, daß Bestimmungen über das Zustandekommen von Verträgen nur begrenzt einer Regelung nach § 2 bzw. § 38 II Nr. 3 GWB fähig sind. Zwar sind Regelungen über die Umstände des Vertragsabschlusses noch zulässig, z. B. über die Befristung des Angebotes, über Schriftform der Annahmeerklärung etc.[198], nicht jedoch kann eine kollektive Regelung darüber getroffen werden, ob überhaupt und insbesondere mit wem ein Vertragsabschluß erfolgt. Daraus ergibt sich, daß Kartellregelungen über das grundsätzliche „ob“ der Folgeverträge unzulässig sind.

Solche unzulässigen Regelungen über das „ob“ von Verträgen könnten auch Kartellvereinbarungen über Eintrittsgelder etc. sein, da diese der Herstellung einer Geschäftsverbindung dienen und somit vor Abschluß und Durchführung der eigentlichen Folgeverträge liegen. Das BKartA hat Vereinbarungen für unzulässig gehalten, die lediglich die Vertragsverhandlungen betreffen, ohne daß ein Folgevertrag vorliegt[199]. So kann nach dieser Auffassung die unentgeltliche Ausliefe-

---

[195] Baumbach / Hefermehl, § 2 Rdnr. 12.

[196] BKartA im Fall „Baumwollspinnereien“. Anmeldung: Bekanntmachung Nr. 33/58 BAnz Nr. 157 vom 19. 8. 58; Eintragung: Bekanntmachung Nr. 60/58 BAnz Nr. 221 vom 15. 11. 58.

[197] Langen, § 2 Rdnr. 9.

[198] Langen, § 2 Rdnr. 5.

[199] TB 1960, BT.-Dr. 3/2734, S. 20.

rung von Mustern bei Vertragsverhandlungen nicht durch Konditionenkartelle untersagt werden[200].

Diese sehr enge Abgrenzung des Begriffes Geschäftsbedingung ist unbefriedigend. Sie berücksichtigt nicht, daß der Sinn und Zweck des § 2 GWB bzw. des § 38 II Nr. 3 GWB — nämlich die Förderung der Rationalisierung und der Transparenz des Marktes — u. U. auch schon die Regelung der Geschäftsanbahnung erfordert, weil die Vertragsverhandlung wirtschaftlicher Teil eines später folgenden Geschäftes ist.

So entspricht der ratio legis der §§ 2, 38 II Nr. 3 GWB gerade eine Regelung der Eintrittsgelder: Sowohl die einheitliche Regelung von Eintrittsgebühren als auch von Listungsgebühren dient der Transparenz und der Rationalisierung, da sich der Wettbewerb auf die eigentlichen Aktionsparameter, insbesondere auf den Preis, konzentriert.

Konditionenkartelle bzw. -empfehlungen können somit dazu dienen, die Durchsetzung von Sondervergünstigungen, wie Eintrittsgelder, zurückzudrängen. Sie können daher ein Mittel zur Sicherung eines leistungsgerechten Wettbewerbs sein[201].

c) Konditionenkartelle bzw. -empfehlungen und Wettbewerb

Wie bereits festgestellt, kann eine Konditionenregelung den letzten wirksamen Wettbewerb auf einem Markt beseitigen[202]. Dies gilt auch für eine Konditionenvereinbarung zum Zweck der Gegengewichtsbildung. So kann z. B. das Zahlen von Regalmieten der einzige noch frei spielende Aktionsparameter auf einem vermachteten Markt sein. Die Vereinheitlichung dieses Aktionsparameters im Wege der Gegengewichtsbildung führt dann zur Einstellung jeglichen Wettbewerbs zwischen den Anbietern.

Angesichts dieser denkbaren negativen Wirkungen der Konditionenvereinbarungen auf die Wettbewerbsintensität kommt der Regelung des § 2 III S. 2 GWB besondere Bedeutung zu. Nach dieser Vorschrift können bereits bei der Anmeldung des Konditionenkartells die Mißbrauchstatbestände des § 12 I GWB berücksichtigt werden, d. h., das Gesetz hat hier ausdrücklich vorgesehen, daß die Mißbrauchsaufsicht nach § 12 GWB nicht erst nach Eintragung eines Kartells, sondern bereits im Anmeldeverfahren eingreift.

---

200 Ablehnend als zu restriktiv GK, § 2 Rdnr. 22.

201 Sölter, WRP 1977, S. 445, 453.

202 Auf die Möglichkeit einer wesentlichen Einschränkung der Wettbewerbsintensität durch Konditionenkartelle weist auch der wissenschaftliche Beirat beim Bundeswirtschaftsministerium, BT.-Dr. 4/617, S. 91, hin.

Nach dem BGH kann ein Mißbrauch im Sinne des § 12 I GWB auch darin zu sehen sein, daß die Freistellung von § 1 GWB in einer Weise ausgenutzt wird, die dem Sinn des GWB zuwiderläuft[203]. Der Sinn des GWB wiederum liegt darin, einen wirksamen und funktionsfähigen Wettbewerb zu schützen. Wird daher durch eine Kartellierung nach § 2 GWB der letzte noch mögliche Wettbewerb ausgeschlossen, so widerspricht dies Sinn und Zweck des GWB und stellt damit einen Mißbrauch nach § 12 I GWB dar[204]. In diesem Fall kann somit der Anmeldung des Konditionenkartells gem. §§ 2 III S. 2, 12 I GWB widersprochen werden.

Können somit die wettbewerblich bedenklichsten Auswirkungen erfaßt werden, so verbleibt andererseits ein breiter Raum für nach §§ 2, 12 GWB zulässige Kartelle, die die Wettbewerbsintensität erheblich reduzieren, ohne zu einem völligen Ausschluß des Wettbewerbs zu führen. Insoweit fehlt es an einer angemessenen Berücksichtigung des Wettbewerbs im Rahmen der §§ 2, 38 II Nr. 3 GWB.

2. Gegengewichtsbildung durch Rabattkartelle (§ 3 GWB)

a) Diskriminierende Rabattforderungen als Ausprägung von Nachfragemacht

Das Erzwingen von Rabatten, die auf keiner echten Leistung beruhen, ist eine wesentliche Ausprägung von Nachfragemacht. Durch das Erfinden immer neuer Rabattbegriffe sowie durch Rabattkumulierungen versuchen Nachfrager eine Verbesserung des Verhältnisses von Leistung und Gegenleistung zu ihren Gunsten zu erzwingen. Nach dem „Schwarzbuch" der Hauptgemeinschaft des Deutschen Einzelhandels werden u. a. folgende Rabatte verlangt[205]:

— Gesamtrabatt
— Bezugsmengenrabatt
— Totalmengenrabatt
— Großhandelsjahresmengenrabatt
— Großhandelsmengenstaffelrabatt
— Auftragsgrößenrabatt
— Waggonrabatt, LKW-Rabatt, Palettenrabatt, Kartonrabatt
— Sammelauftragsrabatt
— Vorausrabatt
— Leistungsstaffelrabatt
— Stützpunkthändlerrabatt
— Exportrabatt
— Kollegenrabatt

[203] So BGH vom 24. 10. 63 (Fensterglas), WuW/E BGH 588.

[204] GK, § 2 Rdnr. 39; Müller / Giessler / Scholz, § 2 Rdnr. 54; Langen, § 12 Rdnr. 5.

[205] Hauptgemeinschaft des Deutschen Einzelhandels, Schwarzbuch, S. 6 f.

— Exclusivrabatt
— Dispositionsrabatt
— Sonderdispositionsrabatt
— Sonderleistungsrabatt
— Treuerabatt
— Lieferrabatt
— Konzentrationsrabatt
— Förderungsrabatt
— Fakturenrabatt
— Messerabatt, Börsenrabatt
— Vollsortimentsrabatt
— Sortimentserweiterungsrabatt
— Frühbezugsrabatt, Früheinteilungsrabatt
— Saisonrabatt, Vorsaisonrabatt
— Musterrabatt
— Placierungsrabatt, Neuplacierungsrabatt
— Einführungsrabatt
— Schaufensterrabatt usw.

Als Mittel zur Abwehr dieser Ausuferung von Rabattforderungen kommt die Bildung von Rabattkartellen nach § 3 GWB in Betracht.

b) Gegengewichtsbildung als Zweck des Rabattkartells

Der Schaffung des § 3 GWB lagen zwei Gesichtspunkte zugrunde: Zum einen soll, wie durch § 2 GWB, die Markttransparenz erhöht werden, zum anderen soll das Rabattkartell der Abwehr von Marktmacht dienen.

Beide Motive sind im Bericht des Bundestagsabgeordneten Kurlbaum zum Entwurf des damaligen § 1 b GWB angesprochen: „Abweichend von der Regierungsvorlage hält die Mehrheit des Ausschusses Rabattvereinbarungen für geeignet, die Markttransparenz zu fördern und in gewissem Umfange der sogenannten Rabattschleuderei und einer Preisdiskriminierung vorzubeugen[206]."

Der Gegengewichtsgedanke wurde dann vom Vorsitzenden des Wirtschaftsausschusses, dem Bundestagsabgeordneten Hellwig, in der zweiten Lesung des Gesetzentwurfes im Deutschen Bundestag nochmals betont: „Das, was uns veranlaßte, die Rabattvereinbarungen mit sehr vielen schweren Kautelen für zulässig zu erklären, war doch folgendes: daß eine nicht unerhebliche Störung des Wettbewerbs nicht nur von Anbietern und Fabrikanten, Erzeugern ausgeht, sondern auch von der Monopolisierung der Nachfrage, von Machtpositionen bei der Nachfrage. Also, daß die Macht der Nachfrage vielfach unter Aufrechterhaltung einer nur scheinbar bestimmten Preisstellung sich in unsichtbaren Macht- und Beziehungsrabatten, die dann erkämpft werden, niederschlägt, Rabatte, die nicht unbedingt dem Verbraucher wirklich

[206] Anlage zum Bericht des Wirtschaftsausschusses, BT.-Dr. 2/3644, S. 16.

zugute kommen, das war doch die Veranlassung für uns, die Rabattvereinbarungen als zulässig in das Gesetz aufzunehmen[207]."

Sinn und Zweck des § 3 GWB ist somit neben der Förderung der Markttransparenz die Abwehr von Marktmacht der nachgelagerten Wirtschaftsstufen[208].

c) *Eignung des Rabattkartells zur Abwehr von Marktmacht*

Das Rabattkartell hat zum Teil entschiedene Ablehnung erfahren, weil es die gesetzgeberischen Ziele nur unzureichend erfülle und vielfach der weiteren Vermachtung der Märkte diene[209]. Der wissenschaftliche Beirat beim Bundeswirtschaftsministerium hat daher die völlige Streichung des § 3 GWB gefordert[210].

Die Kritik an § 3 GWB stützt sich vor allem auf die Tatsache, daß ein Rabattkartell den letzten, verbleibenden Geheimwettbewerb auf einem weitgehend vermachteten Markt zerstören kann. So hat Christl in einer Untersuchung festgestellt, daß die Markttransparenz bei den meisten Rabattkartellen schon vor der Kartellierung bestand, weil es sich bei den Kartellen um enge Oligopole mit weitgehend austauschbaren Produkten bei relativ einheitlichen Preisen handelte und das Rabattkartell daher die Wettbewerbsintensität nicht erhöhen konnte[211]. Im Gegenteil kann die Vereinheitlichung der Rabatte in diesen Fällen zur Vernichtung des letzten wirksamen Wettbewerbs führen. Es erscheint daher in der Tat höchst zweifelhaft, ob das Rabattkartell zumindest in der bisherigen Praxis das Ziel „Wettbewerbsintensivierung durch Transparenzverbesserung" erfüllt hat.

Dies muß jedoch nicht zwangsläufig bedeuten, daß das Rabattkartell auch zur Gegengewichtsbildung ungeeignet ist, wie dies Schuhmacher annimmt[212]. Schuhmacher stützt sich dabei auf die Zahlen aus der Untersuchung von Christl, der festgestellt hatte, daß

— 64 % der Rabattkartelle nur 2 - 10 Mitglieder hatten,
— mit einer Ausnahme kein Kartell einen Marktanteil von unter 51 % hatte,
— bei 72 % der Kartelle die Kartellmitglieder 76 % oder mehr Marktanteil besaßen[213].

---

207 Hellwig, zit. bei Müller / Giessler / Scholz, § 3 Rdnr. 5.
208 BGH WuW/E 588, 591 f. (Fensterglas IV); Benisch, Grundlagen, S. 80.
209 Vgl. Mestmäcker, ORDO XIII, S. 233, 245 ff.
210 BT.-Dr. 4/617, S. 91 f.
211 Christl, S. 135.
212 Schuhmacher, ZHR 1976, S. 317, 334.
213 Christl, S. 126.

Diese Zahlen haben jedoch für die Beurteilung der Wirksamkeit eines Rabattkartells als Abwehrinstrument gegen Marktmacht wenig Aussagekraft: Weder aus der geringen Zahl der Marktteilnehmer noch aus dem hohen Marktanteil des Kartells ergibt sich, daß dieses zur Abwehrbildung ungeeignet wäre. Im Gegenteil: Es erscheint naheliegend, daß die Abwehrbildung um so wirksamer ist, je einheitlicher die Abwehrfront auf einem Markt ist, d. h. je größer der Marktanteil des Rabattkartells ist. Auch spricht nicht die Tatsache, daß die meisten Rabattkartelle auf Oligopolmärkten gebildet wurden, gegen die Geeignetheit des Rabattkartells als Abwehrmittel. Auch Oligopolisten können starker Nachfragemacht ausgesetzt sein.

Überzeugender ist eher das Argument Schuhmachers, die Nachfragemacht könne sich der Abwehrkraft des Rabattkartells entziehen, indem sie ihren Druck auf andere Aktionsparameter als den Rabatt verlagert[214]. Dies gilt allerdings nur, soweit sich das Kartell allein auf die Regelung von Rabatten beschränkt. Es besteht jedoch die Möglichkeit, das Rabattkartell mit einem Konditionenkartell zu verbinden, so daß der Nachfragedruck zumindest nicht auf andere Nebenleistungen abgewälzt werden kann[215]. Auch die Verbindung mit anderen Kartellen nach den §§ 4 - 8 GWB ist denkbar.

d) Rabattkartell und Wettbewerb

Das Rabattkartell erfüllt die gesetzten Ziele somit sehr unterschiedlich: Einerseits kommt es als Gegengewichtsinstrument in Betracht[216], andererseits kann es die Wettbewerbsintensität stark herabsetzen. Auch hier stellt sich somit die Aufgabe einer Begrenzung der Abwehrbildung mit dem Ziel der Sicherung eines wirksamen Wettbewerbs.

Die gesetzliche Regelung ist im Hinblick auf den Schutz eines wirksamen Wettbewerbs völlig unzureichend. So hat schon der Bundestagsabgeordnete Kurlbaum bei der parlamentarischen Behandlung des § 3 GWB darauf hingewiesen, daß ein Rabattkartell auch dann zulässig ist, wenn es zu einer wesentlichen Wettbewerbsbeschränkung führt[217].

Das BKartA und die Rechtsprechung haben versucht, hier eine gewisse Korrektur über § 12 I Nr. 1 GWB vorzunehmen. So wurde ein Mißbrauch des Rabattkartells dann bejaht, wenn durch das Kartell der letzte funktionsfähige Wettbewerb auf dem Markt ausgeschaltet wird, da dann das Kartell dem Sinn und Zweck des GWB, nämlich

---

214 Schuhmacher, ZHR 1976, S. 317, 334.

215 Langen, § 3 Rdnr. 37.

216 Sölter, Rabattkartell, S. 60; ders., DB 1964, S. 1251, 1253.

217 Kurlbaum, zitiert bei Müller / Giessler / Scholz, § 3 Rdnr. 5.

einen wirksamen Wettbewerb zu schützen, widerspricht[218]. Mit dieser Praxis können jedoch nur die bedenklichsten Auswirkungen des § 3 GWB korrigiert werden.

Eine Reform des § 3 GWB mit dem Ziel einer angemessenen Berücksichtigung des Wettbewerbsprinzips bleibt daher weiterhin Aufgabe des Gesetzgebers.

IV. Gegengewichtsbildung im Außenhandel (§§ 6, 7 GWB)

Wie in vielen anderen Bereichen der Wirtschaftspolitik und des Wirtschaftsrechts werden auch im Kartellrecht für den Bereich des Außenhandels aus nationalen Interessen Ausnahmeregelungen geschaffen, die den als richtig eingeschätzten allgemeinen Prinzipien widersprechen.

In diesem Sinne enthält auch das GWB für den Bereich des Außenhandels Spezialregelungen in den §§ 6 und 7 GWB, die den Grundsatz des Kartellverbotes des § 1 GWB für den Bereich des Außenhandels weitgehend aufheben: Trotz des grundsätzlichen Bekenntnisses zum Wettbewerb wird dieses im Außenbereich aufgegeben mit der Begründung, auch andere Nationen ließen eine Kartellierung zu. Die Vermutung, der Gegengewichtsgedanke habe hier in reinster Form Eingang gefunden, liegt nahe[219].

1. Exportkartelle (§ 6 GWB)

Da ausländische Marktmacht auf internationalen Märkten der Kontrolle deutscher Behörden entzogen ist und eine internationale Wettbewerbsordnung nicht vorhanden ist, hat der deutsche Gesetzgeber in § 6 GWB Exportkartelle für zulässig erklärt. Angesichts internationaler Kartelle ist die Exportkartellprivilegierung ein Ausgleich für die mangelnde Möglichkeit, die vorhandenen Wettbewerbsbeschränkungen auf den ausländischen Märkten zu beseitigen[220]. In der Regierungsbegründung heißt es dazu: „Es wäre eine ungerechtfertigte Erschwerung für die deutsche Exportwirtschaft, wenn ihr das Gesetz Bindungen auferlegen wollte, die stärker sind als die Bindungen der ihr im Ausland gegenüberstehenden Konkurrenz[221].“

Dieses Argument führt allerdings, wie Markert feststellt, zu einer beggar-my-neighbour-policy: So wurde § 6 GWB mit dem Hinweis auf

---

[218] BKartA WuW/E 119, 126 (Röhrenhersteller); BKartA WuW/E 131, 137 (Röhrendirekthändler); BKartA WuW/E 281, 283 (Fensterglas); BGHZ 41, 42; 49, 367; BGH LM § 5 GWB Nr. 1 = JuS 1966, S. 40 Nr. 4. Zustimmend zu dieser Praxis Mestmäcker, ORDO XIII, S. 233, 235.

[219] Benisch, Grundlagen, S. 117.

[220] Heyden, S. 20.

[221] BT.-Dr. 2/1158, S. 33 (Begründung zu § 5 des damaligen Entwurfs).

die Regelung des amerikanischen Webb-Pomerene-Act von 1918, der ebenfalls Exportkartelle freistellt, begründet[222].

a) Der Gegengewichtsgedanke in § 6 GWB

Die Exportkartelle sollen der Sicherung und Förderung der Ausfuhr dienen, indem sie die Marktposition der deutschen Exporteure verstärken. Die Steigerung der wirtschaftlichen Potenz kann gegenüber Konkurrenten auf den internationalen Märkten oder gegenüber starken Nachfragern oder Nachfrageorganisationen erfolgen. Im letzten Fall stellt das Exportkartell ein Gegengewicht dar. Der Vorschrift liegt somit auch der Gedanke einer Kartellierung als Mittel zur Bildung von Gegenmarktmacht gegenüber einer starken Machtposition der anderen Marktseite zugrunde[223]. Dabei ist von besonderem Interesse die Stärkung der Verhandlungsposition gegenüber staatlichen Einkaufsorganisationen und starken Einfuhrkartellen[224].

b) Die überschießende Tendenz in § 6 GWB

Die Globalfreistellung des § 6 GWB hat in der Wissenschaft zu umfangreicher Kritik geführt. Dabei wird vor allem auf die Gefährdung der internationalen Wohlfahrt durch eine Vermachtung der Märkte hingewiesen[225], welche die internationale Arbeitsteilung behindere. Im Zusammenhang mit dem Gegengewichtsargument sind vor allem folgende Gesichtspunkte beachtlich:

aa) Fehlender Nachweis eines Machtmißbrauchs

Für das Abwehrkartell gegen monopsonistische Nachfrager weist Hoppmann zu Recht darauf hin, daß das bloße Vorhandensein marktmächtiger staatlicher Einfuhrmonopole, Nachfragekartelle oder Konzerne noch nicht ein Defensivkartell rechtfertigt. Denn allein das Bestehen übermächtiger Marktmacht führt nicht dazu, daß die heimischen Exporteure ausgebeutet werden. Dies ist z. B. erst bei monopolistischer Preisdifferenzierung der Fall[226].

Dieser Erkenntnis Hoppmanns, daß der Ausnahmebereich nicht größer sein sollte, als es nach dem Zweck der Ausnahme notwendig ist[227],

---

222 Markert, AWD 1970, S. 99, 106.

223 Rasch / Westrick, § 6 Rdnr. 1; Kronstein, S. 124; Schuhmacher, ZHR 1976, S. 317, 335; Bartholomeyczik, Gegengewichtsprinzip, S. 55; Heyden, S. 18 ff.; Hoppmann, Exportkartelle, S. 86; Markert, AWD 1970, S. 99, 105; Sölter, DB 1964, S. 1251, 1253; Benisch, Grundlagen, S. 79; Andrae, Machtkonflikt, S. 60.

224 Kronstein, S. 124; Rasch / Westrick, § 6 Rdnr. 1.

225 Markert, AWD 1970, S. 99, 107.

226 Hoppmann, Exportkartelle, S. 86.

entspricht die Forderung Schuhmachers, daß nicht schon ein Machtgefälle allein, sondern erst der Mißbrauch der Macht das Gegengewichtskartell rechtfertige[228]. Schon unter diesem Gesichtspunkt läßt sich eine überschießende Tendenz der Ausnahmevorschrift erkennen.

bb) Zulässigkeit aggressiver Kartelle

Mit den Ausführungen des vorhergehenden Abschnitts steht in engem Zusammenhang die Feststellung, daß Exportkartelle vielfach ihrerseits zu Wettbewerbsbeschränkungen dienen, die über den Abwehrcharakter hinausgehen. Die Verteidigungsposition der beteiligten Unternehmen „ist häufig Vorwand für andere Motive der Parteien. Oft genug geht es nicht darum, eine durch Wettbewerbsverzerrungen bedrohte Position zu verteidigen, sondern vielmehr darum, neues Terrain zu erobern[229]."

Für solche aggressiven[230] Exportkartelle besteht, abgesehen von dem Devisenargument[231], das für die Bundesrepublik Deutschland angesichts des ständigen Handelsüberschusses bedeutungslos ist, keine Notwendigkeit, insbesondere entfällt das Gegengewichtsargument.

Hoppmann hat versucht, dieser Tatsache dadurch Rechnung zu tragen, daß er § 6 GWB restriktiv auslegt[232]. Eine „Dienlichkeit" im Sinne von § 6 GWB soll nur dann vorliegen, wenn eine absatzwirtschaftliche Rationalisierung eintritt oder das Exportkartell zur Verteidigung geschaffen ist. Damit würden rein aggressive Exportkartelle nicht unter § 6 GWB fallen.

Gegen diese Auffassung spricht, daß das Gesetz in § 6 GWB allein darauf abstellt, ob das Kartell der Förderung und Sicherung der Ausfuhr dient[233]. Das Gesetz stellt weder auf die Folgen für den internationalen Wettbewerb ab noch setzt es eine besondere Rechtfertigung für das Exportkartell voraus, insbesondere nicht eine Verteidigungsnotwendigkeit. Die Exportrationalisierung und die Gegengewichtsbildung mögen zwar Motive für die Schaffung des § 6 GWB gewesen sein, eine entsprechende Beschränkung auf diese Fälle ergibt sich aus dem Gesetz jedoch nicht[234].

---

227 Hoppmann, Exportkartelle, S. 89.

228 Schuhmacher, ZHR 1976, S. 317, 346.

229 Kronstein, S. 131 f.

230 Zu der Unterscheidung zwischen „aggressiven" und „defensiven" Exportkartellen, vgl. Hoppmann, Exportkartelle, S. 92 ff. m. w. N.

231 Vgl. hierzu Heyden, S. 114 Anm. 152, S. 145; Markert, AWD 1970, S. 99, 106.

232 Hoppmann, Exportkartelle, S. 97 ff.

233 Eichler, S. 191 f.

234 Gegen die Auffassung Hoppmanns spricht auch, daß das GWB mit § 6

Dies bedeutet, daß das GWB Exportkartelle freistellt, ohne Rücksicht darauf, „ob die Wettbewerbsbeschränkung sich nachteilig auf den internationalen Handel und Wettbewerb auswirkt oder nicht“[235].

Im Gegensatz zur Auffassung von Hoppmann stellt § 6 GWB somit auch aggressive Kartelle frei. Daß hiermit der Vermachtung der internationalen Märkte Vorschub geleistet wird, dürfte unbestritten sein. Bestehende Marktmacht wird dann zum Vorwand genommen, noch stärkere Marktmacht zu begründen. § 6 GWB beschleunigt somit die bereits erörterte Machtspirale[236].

Die gesetzliche Regelung der Exportkartelle ist daher ein Beispiel für eine Pervertierung des Gegengewichtsgedankens durch eine viel zu weite Normfassung[237]. Der Gesetzgeber ist mit der getroffenen Regelung über das hinausgegangen, was zur Abwehrbildung erforderlich gewesen wäre[238].

De lege ferenda muß daher die „Globalfreistellung“ des § 6 GWB durch ein System der Einzelfreistellungen ersetzt werden. Dabei müssen die entscheidenden Gesichtspunkte für eine Zulassung eines Exportkartells die Exportrationalisierung oder die Abwehr von mißbräuchlich ausgenutzter Marktmacht sein[239]. Die von der Bundesregierung in der vierten Kartellrechtsnovelle beabsichtigte Klarstellung, daß auch reine Exportkartelle der Anmeldung bedürfen und der Mißbrauchsaufsicht unterliegen[240], ist zwar ein Fortschritt, aber keinesfalls ausreichend. Langfristig muß § 6 GWB auf den eigentlichen Abwehrzweck begrenzt werden.

2. Importkartelle (§ 7 GWB)

a) Der Gegengewichtsgedanke in § 7 GWB

Ebenso wie inländische Exporteure gegenüber ausländischen monopolistischen Nachfragern im Nachteil sein können, so kann auch die deutsche Wirtschaft im Bereich der Einfuhr gegenüber ausländischen Monopolen oder straff geleiteten ausländischen Exportkartellen eine schwächere Verhandlungsposition innehaben. Dies gilt insbesondere gegenüber staatlichen Außenhandelsmonopolen[241].

GWB den Export fördern wollte, nicht aber den Auslandswettbewerb schützen wollte. Vgl. hierzu Heyden, S. 113 ff.

[235] Heyden, S. 141.

[236] Vgl. die Beispiele bei Markert, AWD 1970, S. 99, 105.

[237] Schuhmacher, ZHR 1976, S. 317, 335 f.

[238] Ebenso Markert, AWD 1970, S. 99, 105.

[239] Heyden, S. 142 f.

[240] BT.-Dr. 8/2136, S. 30 f.

[241] Rasch / Westrick, § 7 Rdnr. 1.

Aus diesem Grunde hat der Gesetzgeber ebenso wie für Exportkartelle auch für die Importkartelle eine Ausnahmevorschrift geschaffen: § 7 GWB beruht auf der Vorstellung, „daß die Zusammenfassung der inländischen Nachfrage durch Gemeinschaften von Importeuren gegenüber dem kartellierten oder monopolisierten ausländischen Angebot Preissenkungen für den Inlandmarkt erreichen könnte"[242]. Der ungünstigeren Marktposition soll also durch einen Importkartellvertrag begegnet werden[243].

§ 7 GWB liegt somit ebenso wie § 6 GWB der Gedanke zugrunde, daß sich deutsche Unternehmen gegenüber originärer Marktmacht, die nicht vom deutschen Gesetzgeber erreichbar ist, zusammenschließen können[244].

b) Die überschießende Tendenz in § 7 GWB

Im Gegensatz zur Regelung in § 6 GWB setzt die Vorschrift über Importkartelle voraus, daß die deutschen Bezieher keinem oder nur unwesentlichem Wettbewerb der Anbieter gegenüberstehen. Damit hat der Abwehrzweck eines Importkartells im Normwortlaut einen gewissen Niederschlag gefunden: Deutsche Unternehmen sollen sich nur dann zusammenschließen können, wenn auf dem internationalen Markt kein wesentlicher Wettbewerb herrscht.

Indem Importkartelle bei wesentlichem Wettbewerb nicht legalisiert werden können, soll zum einen dem Abwehrgedanken Rechnung getragen werden, zum anderen soll erreicht werden, daß hinreichender Wettbewerb auf dem internationalen Markt dem deutschen Verbraucher zugute kommt[245].

Trotz dieser im Vergleich zu § 6 GWB restriktiveren Regelung in § 7 GWB ist auch die Importkartellregelung wegen der Gefahr einer Übermachtbildung nicht unproblematisch. Bedenken gegen eine zu großzügige Freistellung von Importkartellen bestehen aus folgenden Gründen:

aa) Bildung von Übermacht

Zum einen läßt sich mittels § 7 GWB eine Übermacht gegenüber kleinen ausländischen Anbietern aufbauen, die zu einer Ausbeutung dieser Unternehmen führen kann. Eine solche überschießende Tendenz wird auch durch das Erfordernis „kein oder nur unwesentlicher Wett-

---

242 Bericht des Ausschusses für Wirtschaft zu § 5 a (heute § 7 GWB), BT.-Dr. 2/3644, Anlage S. 17.

243 Ebenso BKartA WuW/E (Grubenholz II), 931, 932.

244 Schuhmacher, ZHR 1976, S. 317, 338; Emmerich, Einführung, S. 66; Andrae, Machtkonflikt, S. 60; Benisch, Grundlagen, S. 79; Sölter, DB 1964, S. 1251.

245 Rasch / Westrick, § 7 Rdnr. 1.

bewerb“ auf der Seite der ausländischen Anbieter nicht ausgeschlossen. Selbst bei unwesentlichem Wettbewerb können kleine Anbieter vorhanden sein, denen gegenüber das Importkartell Marktmacht ausüben kann.

bb) Fehlender Nachweis eines Machtmißbrauchs

§ 7 GWB stellt weiterhin ebensowenig wie § 6 GWB darauf ab, ob überhaupt eine Notwendigkeit zur Bildung von Abwehrmacht besteht. Das Importkartell ist vielmehr selbst bei wettbewerbsanalogen Vertragsbedingungen zulässig, da es keines Nachweises eines Machtmißbrauchs der Marktgegenseite bedarf.

Angesichts dieser überschießenden Tendenz in § 7 GWB kann Schuhmacher nicht zugestimmt werden, der § 7 GWB als eine für den Außenhandel adäquate Form der Gegengewichtsbildung bezeichnet[246]. § 7 GWB ist vielmehr selbst für die Belange des Außenhandels und unter Berücksichtigung der nationalstaatlichen Interessen zu weit gefaßt.

c) Binnenwirtschaftliche Bedenken

Die Zulässigkeit des Importkartells beruht auf der Überlegung, daß sich die Kartellierung der Importeure nur vorteilhaft für die eigene Volkswirtschaft auswirken kann, während ein denkbares mißbräuchliches Verhalten des Kartells allenfalls ausländische Anbieter tangiert[247].

Für diese Betrachtungsweise spricht zunächst, daß sich Importkartellregelungen nach § 7 GWB nur auf die Einfuhr beziehen dürfen, so daß die eigentlichen Kartellwirkungen im Inland nicht auftreten können. Diese Einschätzung des Importkartells ist jedoch oberflächlich. Auch ein reines Importkartell kann sich aus folgenden Gründen binnenwirtschaftlich negativ auswirken:

aa) Einigung zu Lasten Dritter

Durch die Importkartelle werden gleichgewichtige Partner zu den ausländischen marktmächtigen Anbietern geschaffen. Wie bereits ausgeführt, birgt diese Bildung gleichgewichtiger Verhandlungspartner die Gefahr einer Einigung zu Lasten Dritter in sich. So ist es denkbar, daß sich ausländische Anbieter und deutsche Importeure zu Lasten der inländischen Abnehmer auf überhöhte Preise einigen. Entgegen der allgemeinen Erwartung, das Importkartell wirke preisdämpfend[248],

---

[246] Schuhmacher, ZHR 1976, S. 317, 338 f.

[247] Vgl. den Bericht des Wirtschaftsausschusses zum Entwurf des damaligen § 5 a, BT.-Dr. 2/3644, Anlage S. 17.

[248] So der Bericht des Wirtschaftsausschusses zum Entwurf des § 5 a GWB, BT.-Dr. 2/3644, Anlage S. 17.

könnten Preiserhöhungen zu Lasten der deutschen Verbraucher die Folge sein.

bb) Gleichförmiges Verhalten der Importeure beim Absatz der Importe

Obwohl sich die Kartellregelungen des § 7 GWB nur auf die Einfuhr beziehen dürfen, ist eine Wettbewerbserlahmung auf der Absatzseite der Importeure nicht auszuschließen. Gelingt es den Importeuren, im Einkauf durch gemeinsames Auftreten nach § 7 GWB ihre wirtschaftliche Situation zu verbessern, so erscheint es zweifelhaft, daß sie diese verbesserte Wirtschaftlichkeitslage im Rahmen eines heftigen Wettbewerbs auf der Absatzseite durch aktiven Preis- oder sonstigen Leistungswettbewerb wieder in Frage stellen. Dabei muß keinesfalls eine abgestimmte Verhaltensweise im Sinne von § 25 GWB vorliegen. Als nachteilig einzustufen ist bereits die sinkende Bereitschaft, erworbene Vorteile durch aktiven Wettbewerb zu gefährden.

cc) Verlust des Nachfragerwettbewerbs

Daß nicht nur der Anbieterwettbewerb, sondern auch der Nachfragerwettbewerb wohlstandsfördernde Funktionen erfüllt, die durch Importkartelle verlorengehen können, hat Köhler in seiner Arbeit über den Nachfragerwettbewerb dargelegt.

So führt nach Köhler der Nachfragerwettbewerb zu einer leistungsgerechten Güterverteilung, „da die Güter an diejenigen verteilt werden, die am meisten dafür zu opfern bereit sind“[249]. Treten die Nachfrager zum Beispiel in Form eines Importkartells einheitlich auf, so entspricht der Preis nicht dem individuell gestifteten Nutzen, da der Preis Ergebnis kollektiver Vereinbarungen ist. Damit werden im Falle einer durch das Nachfragerkartell durchgesetzten Preisreduzierung die Güter auch an solche Nachfrager verteilt, die ohne das Kartell nicht leistungsfähig genug gewesen wären, die Güter zu erwerben.

Weiterhin führt nach Köhler ein funktionierender Nachfragerwettbewerb auch zu einem optimalen Einsatz der nachgefragten Güter: „Da bei Überhang der Nachfrage der einzelne Nachfrager ein Gut nur erhält, wenn er bereit ist, mehr als andere dafür zu bezahlen, gibt Nachfragewettbewerb auch eine gewisse Gewähr dafür, daß diese Güter im Hinblick auf Verwendungszweck und Menge gesamtwirtschaftlich optimal eingesetzt werden[250].“ Die Koordinierung der Nachfrage durch Importkartelle kann diese Funktion beeinträchtigen. So kann die kartellierte Einkaufsorganisation solchen Nachfragern Güter

---

[249] Köhler, S. 51.
[250] Köhler, S. 51.

zuführen, die die Produktionsfaktoren nicht optimal einsetzen. Damit werden unter Umständen Grenzbetriebe erhalten, die bei funktionierendem Wettbewerb nicht überlebensfähig wären.

Auch ein reines Importkartell kann damit dem Ziel einer möglichst leistungsfähigen Produktionsstruktur widersprechen.

3. Gegengewichtsbildung im Außenhandel: Kein Ersatz für eine internationale Wettbewerbsordnung

Die Freistellung von Außenhandelskartellen ist somit nicht nur im Hinblick auf den internationalen Wettbewerb problematisch, sie kann auch mit nationalen Zielen kollidieren. Trotzdem erscheint mangels einer internationalen Wettbewerbsordnung die Zulassung reiner Abwehrkartelle als Notwendigkeit. Dies erfordert jedoch eine Beschränkung der §§ 6 und 7 GWB auf diesen eigentlichen Normzweck. Die gegenwärtigen Gesetzesfassungen sind zu weit und bedürfen der Reform.

Wenn somit auf Gegengewichtspolitik im Außenhandel auf absehbare Zeit nicht zu verzichten ist, so darf dies nicht darüber hinwegtäuschen, daß auch reine Abwehrkartelle zu einer Vermachtung der internationalen Märkte führen. Der Gegengewichtsgedanke kann daher nur insoweit eine Lösung sein, als noch nicht eine internationale Wettbewerbsordnung gefunden ist[251].

V. Gegengewichtsbildung aus strukturellen bzw. gesamtwirtschaftlichen Gründen (§§ 4, 8 GWB)

Eine geringe Bedeutung für die Gegengewichtsbildung haben die noch nicht untersuchten §§ 4 und 8 GWB.

Zwar ist es denkbar, daß ein von einer Strukturkrise betroffener Wirtschaftsbereich auf Grund des Angebotsüberhangs besonders starker Macht der Nachfrager ausgesetzt ist, jedoch gibt § 4 GWB wenig Raum für eine spezifische Gegengewichtspolitik. Grund hierfür ist, daß die Wettbewerbsbeschränkungen nach § 4 GWB sich an der Notwendigkeit der planmäßigen Anpassung der Kapazitäten an den Bedarf zu orientieren haben[252]. Angesichts dieses objektiven Kriteriums der Notwendigkeit der Anpassung an den gesunkenen Bedarf ist für eine Wettbewerbsbeschränkung aus anderen Gründen kein Raum. Dies schließt allerdings nicht aus, daß eine wettbewerbsbeschränkende Maß-

---

[251] Heyden, S. 22. Die Problematik der Außenhandelskartelle und die Notwendigkeit internationaler Maßnahmen zur Sicherung marktwirtschaftlicher Prinzipien im Welthandel erkennt auch die Bundesregierung in der Stellungnahme zum TB 1977 des BKartA, BT.-Dr. 8/1925, S. VI, an.

[252] Langen, § 4 Rdnr. 8.

nahme nach § 4 GWB, die auch in einer Preisvereinbarung bestehen kann[253], neben der Anpassung an den gesunkenen Bedarf zugleich den Druck der Nachfrager auf die Anbieter mindert.

Eher könnte eine Freistellung nach § 8 GWB als Sonderkartell in Betracht kommen. Für eine Rechtfertigung eines Abwehrkartells aus § 8 GWB spricht, daß der Bundesrat diese Norm auch mit der Begründung vorgeschlagen hatte, „Kartelle kleinerer und mittlerer Unternehmen gegenüber der aufkommenden Machtstellung und Mißbräuchen marktbeherrschender Unternehmen und Konzerne“ zuzulassen[254].

Schuhmacher hat jedoch zu Recht darauf hingewiesen, daß die überaus restriktive Fassung der Norm („ausnahmsweise ... aus überwiegenden Gründen der Gesamtwirtschaft und des Gemeinwohls“) Sonderkartelle nur in wirtschaftspolitisch besonders schwerwiegenden Fällen zuläßt[255].

Im übrigen wäre eine Gegengewichtsbildung im Rahmen der ultima-ratio-Norm des § 8 GWB kaum mit dem Willen des Gesetzgebers vereinbar. Dieser hat durch die Ablehnung des Böhm-Entwurfes den Gegengewichtsgedanken weitgehend verworfen und damit eine allgemeine Einschränkung des Wettbewerbs zugunsten der Gegengewichtsbildung abgelehnt. Angesichts dieser Entscheidung des Gesetzgebers erscheint es nicht denkbar, daß Gründe der Gesamtwirtschaft und des Gemeinwohls für eine Kartellbildung von Mittel- und Kleinbetrieben zur Abwehr von Marktmacht sprechen könnten und diese Gründe gewichtiger sein könnten als ein Wettbewerb der Betriebe untereinander[256].

Die Gegengewichtsbildung ist daher kein Grund im Sinne von § 8 GWB, der ein Sonderkartell rechtfertigen könnte.

---

[253] FK, § 4 Rdnr. 61. Vgl. auch Langen, § 4 Rdnr. 9, der aber darauf verweist, daß die Kartellierung nicht dazu führen darf, daß sich die Beteiligten durch übermäßig hohe Preise die Mittel verschaffen, um Kapazitäten stillzulegen. § 4 GWB erlaubt also nicht die Überwälzung der Nachteile, die den Anbietern durch den Kapazitätsüberhang entstanden sind, auf die Abnehmer.

[254] Anlage 2 zur BT.-Dr. 2/1158, S. 62.

[255] Schuhmacher, ZHR 1976, S. 317, 348.

[256] So Benisch, Grundlagen, S. 80.

B. Kontrolle von Marktmacht de lege ferenda: Gegenmacht statt Mißbrauchsverfolgung?

I. Erweiterung der Möglichkeiten zur Gegengewichtsbildung nicht sinnvoll

Maßstab für eine Beurteilung der im GWB vorhandenen Möglichkeiten zur Gegengewichtsbildung ist die Erkenntnis, daß Gegengewichtsbildung nur soweit sinnvoll und förderungswürdig ist, als sie mit der Erhaltung eines wirksamen Wettbewerbs vereinbar ist[1].

Gemessen an diesem Maßstab sind die Möglichkeiten zur Gegengewichtsbildung durch Rabatt- und Konditionenkartelle (§§ 2, 3 GWB) sowie durch Konditionenempfehlungen (§ 38 II Nr. 3 GWB) zu weit.

Aber auch die §§ 6 und 7 GWB stellen in zu großem Umfang Gegengewichtskartelle vom allgemeinen Kartellverbot des § 1 GWB frei. Dies gilt selbst unter Berücksichtigung der Notwendigkeit von Abwehrkartellen im Außenhandel.

Geringe Möglichkeiten zur Gegengewichtsbildung bestehen über die Rationalisierungsabsprachen bzw. -empfehlungen gem. §§ 5, 5 a, 38 II Nr. 2 GWB sowie über die Bildung von Strukturkrisenkartellen nach § 4 GWB oder Sonderkartellen nach § 8 GWB. Eine Gegengewichtsbildung im Rahmen dieser Normen wäre auch nicht sinnvoll, da die tatbestandlichen Voraussetzungen den Wettbewerbsaspekt stark zurücktreten lassen.

Wettbewerbspolitisch unbedenklich hingegen erscheint der Versuch, Raum zur Gegengewichtsbildung durch die Kooperationserleichterungen der §§ 5 b und 38 II Nr. 1 GWB zu geben. Sofern man diese Normen nicht als Bestandsschutzgarantien für mittel- und kleinständische Unternehmen versteht, ist eine Gegengewichtsbildung im Rahmen dieser Normen unproblematisch.

So wird in den §§ 5 b und 38 II Nr. 1 GWB durch restriktive Tatbestandsmerkmale (z. B. keine wesentliche Wettbewerbsbeschränkung; kleinere und mittlere Unternehmen als Adressaten) sichergestellt, daß der Verlust des Wettbewerbs im Innenverhältnis gering bleibt. Zugleich wird durch das positive Merkmal der ‚Förderung der Leistungsfähigkeit' eine Aktivierung des Außenverhältnisses bewirkt.

1 Erster Teil C IV.

Die §§ 5 b und 38 II Nr. 1 GWB stellen damit nur solche Gegengewichtsmaßnahmen vom Kartell- bzw. Empfehlungsverbot frei, die wettbewerblich unbedenklich erscheinen.

Als sinnvollste Form der Gegengewichtsbildung im Rahmen des GWB erscheint allerdings die Bekämpfung des Nichtleistungswettbewerbs durch Wettbewerbsregeln. Im Gegensatz zu den §§ 5 b und 38 II Nr. 1 GWB darf sich die Kooperation nach § 28 GWB von vornherein nur auf solche Aktionsparameter beziehen, die leistungswidrig sind. Damit wird die Gefahr der Übermachtbildung und der Ausbeutung Dritter weitgehendst ausgeschlossen. Dabei soll nicht verkannt werden, daß der Begriff des leistungsgerechten Wettbewerbs noch der Konkretisierung durch Rechtsprechung und Literatur bedarf. Trotzdem zeigt die bisherige Entwicklung, insbesondere mit den Wettbewerbsregeln des Markenverbandes[2], daß der Begriff des leistungsgerechten Wettbewerbs geeignet ist, schützenswertes Wettbewerbsverhalten von fragwürdigem Wettbewerbsverhalten zu trennen[3].

Darüber hinaus erfüllt § 28 II 2. Alt. GWB auch die im ersten Teil dieser Arbeit aufgestellte Forderung, wirksamen Wettbewerb zu schützen: Da § 28 II GWB auf die „Wirksamkeit des leistungsgerechten Wettbewerbs“ abstellt, sind Wettbewerbsregeln unzulässig, sofern sie wirksamen Wettbewerb beseitigen.

Angesichts der bislang positiven Erfahrungen einer Gegengewichtsbildung durch Wettbewerbsregeln erscheint diese Form der Selbsthilfe der Wirtschaft weiter förderungswürdig. Nicht notwendig erscheint unter dem Gesichtspunkt der Gegengewichtsbildung allerdings eine Erweiterung des Anwendungsbereiches der Wettbewerbsregeln durch Einführung von Allgemeinverbindlichkeitserklärungen[4]. Zumindest für die Abwehrbildung gegen vor- oder nachgelagerte Wirtschaftsstufen ist die Übereinstimmung der Interessen innerhalb eines Wirt-

---

[2] WRP 1976, S. 576 ff.

[3] Ebenso Ulmer, GRUR 1977, S. 565, 570.

[4] Für eine Allgemeinverbindlichkeitserklärung hat sich sowohl die Hauptgemeinschaft des Deutschen Einzelhandels (MA 1976, S. 530 f.) als auch der Markenverband (MA 1977, S. 303 ff.) ausgesprochen. Die Allgemeinverbindlichkeitserklärung von Wettbewerbsregeln war bereits 1971 von Dörinkel gefordert worden (WuW 1971, S. 607, 613). Inzwischen haben sich zustimmend geäußert: Benisch, Wettbewerbsverzerrungen, S. 50 f.; Sölter, WRP 1977, S. 445, 453; Friesen, DB 1978, Beilage 6, S. 17 ff. Bedenken haben Hönn, GRUR 1977, S. 141, 147; Baur, Wettbewerbskongreß, S. 273 ff. und Kartte / Irlenkaeuser, Weiterentwicklung der Wettbewerbsordnung, S. 22 f.; Herschel, DB 1978, S. 1017 ff. Ablehnend geäußert hat sich aus verfassungsrechtlichen und wettbewerbspolitischen Gründen die Monopolkommission, S. 122 ff. Das BKartA TB 1977, BT.-Dr. 8/1925, S. 35 hat sich dieser Auffassung angeschlossen. Ablehnend auch Buchardi / Wolf, WuW 1977, S. 743, 747 ff.; Merkel, BB 1977, S. 473 ff.; ders., BB 1977, 705 ff.; ders., BB 1977, S. 1176 ff.; Meier, ZRP 1977, S. 106 f.; Lehmann, GRUR 1977, S. 633, 639 m. Anm. 92.

schaftsverbandes so groß, daß es einer zwangsweisen Ausdehnung auf Außenseiter nicht bedarf.

Im Ergebnis sind somit die Möglichkeiten zur Gegengewichtsbildung im geltenden Recht ausreichend. Eine darüber hinausgehende Freistellung von Gegengewichten würde notwendigerweise zu erheblichen Wettbewerbsbeschränkungen führen. Die Einführung neuer Ausnahmetatbestände zugunsten von Abwehrkartellen, wie auch die extensive Auslegung bestehender Vorschriften, ist angesichts der Problematik der Gegengewichtsbildung abzulehnen.

II. Alternative Instrumente

Da eine Erweiterung der Möglichkeiten zur Abwehr von Angebots- oder Nachfragemacht im Wege der Gegengewichtsbildung nicht sinnvoll erscheint, muß auch in Zukunft der Schwerpunkt der Bekämpfung des Mißbrauchs wirtschaftlicher Macht im Untersagen des jeweiligen mißbilligten Verhaltens liegen.

Angesichts der Schwierigkeiten der Vergangenheit, die §§ 22, 26 II GWB auf Nachfragemacht anzuwenden[5], ist die Tendenz des Entwurfes der vierten Kartellrechtsnovelle, nämlich die Möglichkeiten der Erfassung von Nachfragemachtmißbrauch zu erweitern[6], zu begrüßen.

Ob die Novellierung des § 26 GWB in Zukunft zur Erfassung von Nachfragemacht ausreicht oder ob nicht doch die Einführung eines allgemeinen Diskriminierungsverbotes[7] oder auch eine Ergänzung des § 1 UWG als Generalklausel zum Schutz des Leistungswettbewerbs[8] erforderlich werden, muß die weitere Entwicklung zeigen. Die Gegengewichtsbildung jedenfalls kann auch in Zukunft nur einen untergeordneten Stellenwert haben.

---

5 Vgl. hierzu Reimann WuW 1976, S. 541, 544 ff.; Kartte, Wettbewerbsverzerrungen, S. 6 f.; Stahl, Kontrolle von Nachfragemacht, S. 159 ff.; Friesen, DB 1978, Beilage 6, S. 10 ff.; Monopolkommission, S. 101 ff.

6 BT.-Dr. 8/2136, S. 15 f.; vgl. auch die Stellungnahme der Bundesregierung zum TB 1977 des BKartA, BT.-Dr. 8/1925, S. IV.

7 Zustimmend Weyhenmeyer, S. 45 ff.; ablehnend Kartte / Müller, Diskriminierungsverbot, S. 33 ff.; Benisch, Antidiskriminierungsvorschriften, S. 62 f.; Friesen, DB 1978, Beilage 6, S. 12; Monopolkommission, S. 113 ff.; Kartte / Irlenkaeuser, Weiterentwicklung der Wettbewerbsordnung, S. 21 f.

8 Für eine solche „zivilrechtliche" Lösung Merkel, BB 1977, S. 473 ff.; ders., BB 1977, S. 1176 ff.; § 1 des Gesetzentwurfes zur Änderung des UWG der CDU/CSU, BT.-Dr. 8/2136. Ablehnend Kraft, ZRP 1979, S. 161, 165; kritisch auch Friesen, DB 1978, Beilage 6, S. 21.

Schrifttumsverzeichnis

(Die Zitierweise im Text ergibt sich aus den kursiv gesetzten Teilen im Schrifttumsverzeichnis.)

Andrae, Clemens-August: *Machtkonflikt* und Machtkonkurrenz in der Marktwirtschaft, in: Andrae / Glahe, Wirtschaftliche Macht und Wettbewerb, FIW-Schriftenreihe, Heft 33, Köln—Berlin—Bonn—München, 1966, S. 27 bis 71.

— Mittelstandspolitik und Kartellgesetz, in: MA 1962, S. 628 - 637.

— Das Prinzip der gegengewichtigen *Marktmacht* als Ansatzpunkt für die Wettbewerbspolitik, in: Grundlagen der Wettbewerbspolitik, Schriften des Vereins für Socialpolitik, NF Bd. 48, Berlin, 1968, S. 71 - 94.

Angehrn, Otto: Nachfragemacht von Handelsunternehmen als Problem der Wettbewerbsgestaltung, in: MA 1974, S. 344 - 359.

Arndt, Helmut: Macht der Nachfrage, in: MA 1975, S. 6 - 13.

— *Wirtschaftliche Macht* — Tatsachen und Theorien, 2. Auflage, München 1977.

— *Markt und Macht*, 2. grundlegend veränderte Auflage von Microökonomische Theorie Band I, Tübingen, 1973.

— Marktmacht auf der Nachfrageseite, in: WuW 1972, S. 84 - 92.

— Nachfragemacht, Ideologie und Realität, in: WuW 1974, S. 462 - 465.

— Wettbewerb ohne Chancengleichheit, in: MA 1973, S. 307 - 310.

Bartholomeyczik, Horst: Äquivalenz, Waffengleichheit und Gegengewichtsprinzip in der modernen Rechtsentwicklung, in: AcP 166, S. 30 - 75.

— Das *Gegengewichtsprinzip* und die Funktionsfähigkeit des Austauschvertrages in der modernen Rechtsentwicklung, in: Bartholomeyczik / Benisch, Rechtsgrundlagen der Gegengewichtsbildung, FIW-Schriftenreihe, Heft 35, Köln—Berlin—Bonn—München, 1966, S. 13 - 61.

Baumbach / Hefermehl: Wettbewerbs- und Warenzeichenrecht, 8. Auflage, München, 1960.

Baur, Jürgen: Überlegungen zu einer erweiterten Verbindlichkeit von Wettbewerbsregeln, in: Wettbewerbskongreß, München, 1977, S. 273 - 299.

Benisch, Werner: *Antidiskriminierungsvorschriften* in Wettbewerbsregeln, in: Für und Wider ein allgemeines Diskriminierungsverbot, FIW-Schriftenreihe, Heft 74, Köln—Berlin—Bonn—München, 1976, S. 61 - 65.

— Kartellrechtliche *Grundlagen* der Gegengewichtsbildung, in: Bartholomeyczik / Benisch, Rechtsgrundlagen der Gegengewichtsbildung, FIW-Schriftenreihe, Heft 35, Köln—Berlin—Bonn—München, 1966, S. 67 - 118.

— *Kooperationsfibel*, 4. Auflage, Bergisch-Gladbach, 1973.

— *Wettbewerbsverzerrungen* und Wettbewerbsregeln, in: Schwerpunkte des Kartellrechts 1975/76, FIW-Schriftenreihe, Heft 77, Köln—Berlin—Bonn—München, 1977, S. 39 - 51.

Biedenkopf, Kurt: Wettbewerbspolitik zwischen Freiheitsidee und Pragmatismus — Zur zehnjährigen Geltung des GWB, in: WuW 1968, S. 3 - 15.

Brunn, Johann Heinrich v.: Das Konditionenkartell im neuen Kartellgesetz, in: WuW 1958, S. 135 - 141.

Buchardi, Wolfrad / *Wolf*, Andreas: Allgemeinverbindlichkeitserklärung von Wettbewerbsregeln aus rechtlicher Sicht, in: WuW 1977, S. 743 - 750.

Bundesminister für Wirtschaft: Zwischenbetriebliche Zusammenarbeit im Rahmen des GWB. Kooperationsfibel, Neuauflage, Bonn-Duisdorf, 1976.

Christl, Artur: Die Rabattkartelle. Untersuchung einiger Entwicklungs- und Strukturmerkmale, in: Zehn Jahre Bundeskartellamt, Köln—Berlin—Bonn—München, 1968, S.115 -136.

Clark, John Maurice: Competition as a Dynamic Process, Washington D.C., 1961.

Dageforde, Heinrich: Die Nachfragemacht des Handels und das Diskriminierungsverbot, Göttingen, 1978.

Diederichsen, Uwe: Bericht über die Tagung der Zivilrechtslehrer in Wiesbaden am 14. und 15. Oktober 1965, in: AcP 166 (1966), S. 142 - 148.

Dörinkel, Wolfram: Bringt die Kartellgesetznovelle Erleichterungen für die Zusammenarbeit der Unternehmen?, in: WuW 1971, S. 607 - 616.

— Die Kooperationserleichterungen nach der Kartellnovelle 1973, in: WuW 1973, S. 827 - 833.

Ebel, Hans-Rudolf: Novellierung des GWB, in: NJW 1973, S. 1577 - 1583 und 1665 - 1671.

Eichler, Hermann: Das Exportkartell — ein Rechtsgutachten, in: Exportkartell und Wettbewerb, herausgegeben von Erich Schäfer, Köln—Opladen, 1964, S. 163 - 232.

Emmerich, Volker: Kooperationen im Wettbewerbsrecht. Kritische Bemerkungen zum gegenwärtigen Stand der Kooperationsdiskussion, in: ZGR 1976, S. 167 - 187.

— Wettbewerbsrecht, Eine *Einführung*, 2. Auflage, München, 1976.

— Die Zulässigkeit der *Kooperation* von Unternehmen auf Grund des reformierten GWB, Tübingen, 1974.

Ewald, Heinz: Diskriminierungsverbot und Nachfragemacht, in: BB 1973, S. 1181 - 1184.

Fikentscher, Wolfgang: Nachfragemacht und Wettbewerbsbeschränkung, in: WuW 1960, S. 680 - 685.

Frankfurter Kommentar: Kommentar zum GWB, von Heinz Kaufmann u. a,. Köln, ab 1958.

Friesen, Juliane Freiin v.: Probleme der Nachfragemacht und Möglichkeiten einer effektiven Kontrolle, in: BB 1978, Beilage Nr. 6.

Galbraith, John Kenneth: American Capitalism, The Concept of Countervailing Power, 2. Auflage, London, 1956.

Geisbüsch, Hans-Georg: Die organisierte *Nachfrage*, FIW-Schriftenreihe, Heft 18, Köln—Berlin—Bonn—München, 1964.

Geisbüsch, Hans-Georg: Die *Verhaltensweisen* organisierter Nachfrager, in: Machtungleichgewichte und Gegengewichtsbildungen in der Wirtschaftswirklichkeit, FIW-Schriftenreihe, Heft 34, Köln—Berlin—Bonn—München, 1966, S. 67 - 161.

Gemeinschaftskommentar: Gesetz gegen Wettbewerbsbeschränkungen und Europäisches Kartellrecht, Herausgegeben von Hans Müller-Henneberg und Gustav Schwartz, 3. Auflage, Köln—Berlin—Bonn—München, ab 1973.

Giersch, Herbert: Aufgaben der Strukturpolitik, in: Hamburger Jahrbuch für Wirtschafts- und Gesellschaftspolitik, Bd. 9 (1964) S. 61 - 90.

Günther, Eberhard: Anmerkungen zum Beitrag Sölters: Nachteilsausgleich für mittelständische Unternehmen, in: WuW 1974, S. 665 - 669.

— Wettbewerbspolitik in einer freien Gesellschaft, in: WuW 1964, S. 111 bis 120.

Gutersohn, Alfred: Formen der Bildung von Marktgegenmacht unter besonderer Berücksichtigung der individual- und sozialpsychologischen Aspekte, in: Gutersohn/ Geisbüsch, Machtungleichgewichte und Gegengewichtsbildungen in der Wirtschaftswirklichkeit, FIW-Schriftenreihe, Heft 34, Köln—Berlin—Bonn—München, 1966, S. 167 - 207.

Hain, Werner: Nachfragefunktion, Nachfrageverhalten und Nachfragemacht. Ein Beitrag zur Diskussion, in: WRP 1978, S. 112 - 116.

Hamm, Walter: Die Bedeutung des leistungsgerechten Wettbewerbs im Rahmen der Wettbewerbsregeln, in: WuW 1975, S. 115 - 133.

Hauptgemeinschaft des Deutschen Einzelhandels: Schwarzbuch, Köln, 1978.

Heinen, Edmund: Das Zielsystem der Unternehmung, Wiesbaden, 1966.

Herschel, Wilhelm: Allgemeinverbindlichkeitserklärung von Wettbewerbsregeln, in: DB 1978, S. 1017 - 1020.

Heuss, Ernst: Zum heutigen Stand der Wettbewerbstheorie in Deutschland, in: ORDO XVIII, S. 411 - 416.

Heyden, Albrecht von der: Das Exportkartell, Bern—Frankfurt/M., 1972.

Hönn, Günther: Wettbewerbsregeln und die Wirksamkeit eines leistungsgerechten Wettbewerbs, in: GRUR 1977, S. 141 - 147.

Hollmann, Hermann: Zur Problematik der sogenannten Bagatellkartelle, in: AWD 1973, S. 192 - 199.

Hoppmann, Erich: Die sogenannten Bagatellkartelle der ‚neuen Wettbewerbspolitik‘, in: DB 1970, S. 93 - 100.

— Zum Problem einer wirtschaftspolitisch praktikablen *Definition des Wettbewerbs*, in: Grundlagen der Wettbewerbspolitik, Schriften des Vereins für Socialpolitik, NF Band 48, Berlin, 1968, S. 9 - 49.

— *Exportkartelle* und Gesetz gegen Wettbewerbsbeschränkungen — ein volkswirtschaftliches Gutachten, in: Exportkartell und Wettbewerb, herausgegeben von Erich Schäfer, Köln—Opladen, 1964, S. 75 - 162.

— *Fusionskontrolle*, Tübingen, 1972.

— Die Funktionsfähigkeit des Wettbewerbs, Bemerkungen zu Kantzenbachs Erwiderung, in: JfNSt 181 (1967/68), S. 251 - 264.

— Das Konzept der optimalen Wettbewerbsintensität, in: JfNSt 179 (1966), S. 286 - 323.

Hoppmann, Erich: Von der Preistheorie zur Wettbewerbstheorie, in: ORDO XVII, S. 369 - 381.

— Zum *Schutzobjekt* des GWB, in: Wettbewerb als Aufgabe, herausgegeben von Erich Mestmäcker, Bad Homburg v. d. H., 1968, S. 61 - 104.

— Workable Competition (Funktionsfähiger Wettbewerb). Die Entwicklung einer Idee über die Norm der Wettbewerbspolitik, in: Zs. des Bernischen Juristenvereins, Bd. 102 (1966), S. 149 ff.

Kantzenbach, Erhard: Die *Funktionsfähigkeit des Wettbewerbs*, 2. Auflage, Göttingen, 1967.

— *Konzentration* als Problem der Konkurrenzwirtschaft, in: Die Konzentration in der Wirtschaft, 1. Band, herausgegeben von Helmut Arndt, 2. Auflage, Berlin, 1971, S. 159 - 183.

— Das Konzept der optimalen Wettbewerbsintensität — Eine Erwiderung auf den gleichnamigen Besprechungsaufsatz von E. Hoppmann, in: JfNSt 181 (1967), S. 193 - 241.

— Wirtschaftliche Ursachen und Auswirkungen der *Nachfragemacht*, in: Wettbewerbskongreß, München, 1977, S. 125 - 138.

Kartellkommission, schweizerische: Die Nachfragemacht und deren Mißbrauch, in: Veröffentlichungen der schweizerischen Kartellkommission, Heft 1, Zürich, 1976, S. 57 - 93.

Kartte, Wolfgang: Kooperation in der Marktwirtschaft, in: BB 1969, S. 53 bis 56.

— Ein neues *Leitbild* für die Wettbewerbspolitik, FIW-Schriftenreihe, Heft 49, Köln—Berlin—Bonn—München, 1969.

— Der Schutz des Leistungswettbewerbs im Kartellrecht, in: WRP 1976, S. 1 - 3.

— *Wettbewerbsregeln und Mittelstandsempfehlungen*, in: Schwerpunkte des Kartellrechts 1973/74, FIW-Schriftenreihe, Heft 71, Köln—Berlin—Bonn—München, 1975, S. 65 - 71.

— *Wettbewerbsverzerrungen* zwischen Industrie/Handel, in: Schwerpunkte des Kartellrechts 1974/75, FIW-Schriftenreihe, Heft 73, Köln—Berlin—Bonn—München, 1976, S. 1 - 7.

Kartte, Wolfgang / *Irlenkaeuser*, Rainer: Zur Weiterentwicklung der *Wettbewerbsordnung*, in: Schwerpunkte des Kartellrechts 1975/76, FIW-Schriftenreihe, Heft 77, Köln—Berlin—Bonn—München, 1977, S. 1 - 23.

Kartte, Wolfgang / *Müller*, Klaus: Zur Diskussion um ein allgemeines *Diskriminierungsverbot*, in: Für und Wider ein allgemeines Diskriminierungsverbot, FIW-Schriftenreihe, Heft 74, Köln—Berlin—Bonn—München, 1976, S. 33 - 44.

Kaufer, Erich: Kantzenbachs Konzept des funktionsfähigen Wettbewerbs, Ein Kommentar, in: JfNSt 179 (1966), S. 481 - 492.

— Das Konzept der optimalen Wettbewerbsintensität, Eine Replik, in: JfNSt 181 (1967/68), S. 242 - 250.

Klaue, Siegfried: Das Kartellrecht in der Praxis, WuW-Schriftenreihe, Heft 9, Düsseldorf, 1961.

— Zur Problematik der Fusionskontrolle, Frankfurt/M., 1971.

Köhler, Helmut: Wettbewerbsbeschränkungen durch Nachfrager, München, 1977.

Kraft, Alfons: UWG-Reform zwischen Mitbewerber-, Verbraucher- und Wettbewerbsschutz, in: ZRP 1979, S. 161 - 165.

Kronstein, Heinrich: Das Recht der internationalen Kartelle, Berlin, 1967.

Langen, Eugen: Kommentar zum Kartellgesetz, GWB mit Erläuterungen für die Praxis, 5. Auflage, Neuwied—Darmstadt, 1977.

Lehmann, Michael: Wettbewerbsrecht, Strukturpolitik und Mittelstandspolitik, in: GRUR 1977, S. 580 - 588 und 633 - 642.

Lenel, Hans-Otto: Kontrolle des Entstehens und Mißbrauchs wirtschaftlicher Macht, in: 25 Jahre Marktwirtschaft in der Bundesrepublik Deutschland, Stuttgart, 1972, S. 77 - 92.

Markert, Kurt: Zur gegenwärtigen Situation der Exportkartelle, in: AWD 1970, S. 99 - 108.

Meier, Gert: Die Allgemeinverbindlichkeitserklärung von Wettbewerbsregeln — ein Fortschritt? in: ZRP 1977, S. 105 - 107.

Mellerowicz, Konrad: Entstehungsgründe der Nachfragemacht, in: MA 1965, S. 292 - 303.

Merkel, Rudolf: Allgemeinverbindlichkeitserklärung von Wettbewerbsregeln der Wirtschaftsverbände, in: BB 1977, S. 473 - 475.

— Zum Schutz des Leistungswettbewerbs durch die Gerichte, in: BB 1977, S. 705 - 708.

— Zum Schutz des Leistungswettbewerbs: Eine Zwischenbilanz, in: BB 1977, S. 1176 - 1181.

Mestmäcker, Ernst-Joachim: Mißbrauch der *Nachfragemacht* und ihre kartellrechtliche Kontrolle, in: Schwerpunkte des Kartellrechts 1976/77, FIW-Schriftenreihe, Heft 81, Köln—Berlin—Bonn—München, 1978, S. 15 - 26.

— Das Rabattkartell im Gesetz gegen Wettbewerbsbeschränkungen, in: ORDO XIII, S. 233 - 280.

— *Wettbewerbsbeschränkungen*, in: Staatslexikon, 6. Auflage, Bd. VIII, Freiburg, 1963, S. 649 - 655.

— Wettbewerbspolitik in der Industriegesellschaft, in: ZfgStW 129 (1973), S. 89 - 101.

Mestmäcker, Ernst-Joachim (Herausgeber): *Wettbewerb als Aufgabe*, Nach Zehn Jahren Gesetz gegen Wettbewerbsbeschränkungen, Bad Homburg v. d. H., 1968.

Miller, John Perry: Competition and Countervailing Power, in: The American Economic Review, Pap. and Proc., May 1954, S. 15 - 25.

Monopolkommission: Mißbräuche der Nachfragemacht und Möglichkeiten zu ihrer Kontrolle im Rahmen des GWB, Sondergutachten 7, Baden-Baden, 1977.

Müller / Giessler / Scholz: Kommentar zum Gesetz gegen Wettbewerbsbeschränkungen, 3. Auflage, Frankfurt/M., ab 1974.

Nester, Paul: Nachfragemacht und Kartellgesetz, FIW-Schriftenreihe, Heft 25, Köln—Berlin—Bonn—München, 1965.

Niederleithinger, Ernst: Die Verfolgung von Mißbräuchen von Angebots- und Nachfragemacht nach § 22, 26 II GWB, in: Schwerpunkte des Kartellrechts 1975/76, FIW-Schriftenreihe, Heft 77, Köln—Berlin—Bonn—München, 1977, S. 65 - 78.

Petry, Horst: Technischer Fortschritt, Integration, Internationale Wettbewerbsfähigkeit und Unternehmensgröße, in: JfNSt 183 (1969), S. 271 - 299.

Popper, Karl Reimund: Logik der Forschung, 6. Auflage, Tübingen, 1976.

Preisbildungskommission des Eidgenössischen Volkswirtschaftsdepartments: Kartell und Wettbewerb in der Schweiz, 31. Veröffentlichung der Preisbildungskommission, 2. Auflage, Bern, 1957.

Raiser, Ludwig: Antinomien im Recht der Wettbewerbsbeschränkungen, in: Festschrift für Fechner, Tübingen, 1973, S. 57 - 74.

Rasch / Westrick: Wettbewerbsbeschränkungen, Kartell- und Monopolrecht. Kommentar zum GWB und Erläuterungen zum europäischen Kartellrecht, 3. neubearbeitete Auflage, Berlin, 1966.

Reimann, Thomas: Mißbrauchsaufsicht und Diskriminierungsverbot bei Nachfragern, in: WuW 1976, S. 541 - 552.

Riesenkampff, Alexander: Kooperationserleichterungen für kleine und mittlere Unternehmen, in: Wettbewerb in Recht und Praxis, 1975, S. 405 bis 407.

Rinck, Gerd: Die Empfehlung Allgemeiner Geschäftsbedingungen, deren Kontrolle und Registrierung, in: WuW 1974, S. 291 - 303.

Rintelmann, Fritz H.: Aspekte der erweiterten Mittelstandsempfehlung, in: DB 1973, S. 1930 - 1935.

Sack, Rolf: Lauterer und leistungsgerechter Wettbewerb durch Wettbewerbsregeln, in: GRUR 1975, S. 297 - 307.

Säcker, Franz-Jürgen: Zur Berücksichtigung der Marktposition des Unternehmens im Recht der Wettbewerbsbeschränkungen, in: BB 1967, S. 681 bis 689.

— Die *Genossenschaften* im System des deutschen und europäischen Kartellrechts, in: Archiv für öffentliche und freigemeinnützige Unternehmen, Bd. 9 (1970/71), S. 193 - 215.

Sandrock, Otto: Kritische Bemerkungen zum Entwurf für die zweite Kartellgesetznovelle, in: WuW 1969, S. 205 - 229.

Schenk, Hans-Otto: Theorie und Ideologie der Nachfragemacht des Handels, in: WuW 1974, S. 149 - 160.

Schlegel, Jörg: Technischer Fortschritt und weites Oligopol, in: Schmollers Jahrbuch, 87. Jg. (1967), S. 45 - 54.

Schmidt, Ingo: US-amerikanische und deutsche Wettbewerbspolitik gegenüber Marktmacht, Berlin, 1973.

Schmiedel, Burkhard: Der ‚leistungsgerechte Wettbewerb' in der Neufassung des § 28 GWB, in: WuW 1975, S. 743 - 751.

Schreiber, Margit: Kooperation als Gegengewichtsbildung, FIW-Schriftenreihe, Heft 36, Köln—Berlin—Bonn—München, 1966.

Schuhmacher, Wolfgang: Nachfragemacht und Gegengewichtsprinzip, in: ZHR 1976, S. 317 - 354.

Schuhmann, Jochen: Grundzüge der microökonomischen Theorie, Berlin—Heidelberg—New York, 1971.

Segelmann, Frank: Wettbewerb und Rationalisierung unter Berücksichtigung der Syndikate und Spezialisierungskartelle, in: 10 Jahre Bundeskartellamt, Köln—Berlin—Bonn—München, 1968, S. 137 - 160.

Seraphim, Hans-Jürgen: Theorie der allgemeinen Volkswirtschaftspolitik, 2. Auflage, Göttingen, 1963.

Sölter, Arno: Abwehrkartelle und Gegengewichtsprinzip, in: DB 1964, S. 1251 bis 1255.

— Ausgleichsmaßnahmen der Hersteller gegenüber der Nachfragemacht des Handels, in: MA 1968, S. 342 - 352.

— Gruppenwettbewerb und Wettbewerbsordnung, in: MA 1962, S. 357 - 369.

— Wie beurteilt die Industrie die 2. Kartellgesetznovelle, Ein Interview mit Arno Sölter, in: WRP 1972, S. 53 - 57.

— Die Mittelstandsempfehlung im GWB, in: WuW 1959, S. 687 - 707.

— Nachfragefunktion, Nachfrageverhalten und Nachfragemacht, in: WRP 1977, S. 445 - 453.

— Nachfragemacht und Gegengewichtsprinzip, in: MA 1961, S. 337 - 369.

— *Nachfragemacht* und Wettbewerbsordnung, 2. Auflage, Düsseldorf, 1960.

— Nachteilsausgleich für mittelständische Unternehmen, in: WuW 1974, S. 657 - 665.

— Das ungelöste *Problem ‚Nachfragemacht‘,* Vortragsreihe des Instituts der deutschen Wirtschaft, Jg. 27, Nr. 16, Köln, 1977.

— Das *Rabattkartell.* Die wirtschaftlichen und rechtlichen Grundlagen einer Ordnung im Rabattwesen, Düsseldorf, 1955.

— Ungleichgewichte zwischen Angebot und Nachfrage, in: WuW 1968, S. 317 bis 344.

— Die Wandlungen des *Wettbewerbsbegriffes,* in: Neue Entwicklungen im EWG-Kartellrecht, V. Kartellrechtsforum in Brüssel, 1973, Referate und Diskussionen, Köln—Berlin—Bonn—München, 1975, S. 81 - 112.

Stahl, Klaus: Wettbewerbspolitische Folgerungen für eine wirksame *Kontrolle von Nachfragemacht,* in: Wettbewerbskongreß, München, 1977, S. 147 - 169.

— Kooperationsförderung und Kartellgesetznovelle, in: WuW 1978, S. 7 - 13.

Stigler, George J.: The economist plays with blocs, in: The American Economy Review, Pap. and Proc., May 1954, S. 7 - 14.

Teichmann, Arndt: Die ‚wesentliche Beeinträchtigung des Wettbewerbs‘ als Schranke für Kooperationsvereinbarungen, in: WuW 1974, S. 449 - 461.

— *Kooperation* mit Hilfe von Mittelstandsempfehlungen — Kritische Bemerkungen zu § 38 II Nr. 1 GWB, in: Festschrift für Bärmann, München, 1975, S. 935 - 952.

Tolksdorf, Michael: Zur ökonomischen Begründung von Ausnahmebereichen, in: JfNSt 187 (1973), S. 543 - 549.

— Hoppmanns neoklassische Wettbewerbstheorie als Grundlage der Wettbewerbspolitik, in: JfNSt 183 (1969), S. 61 - 72.

Trautmann, Lutz: Grünes Licht für die Mittelstandsempfehlung?, in: WuW 1975, S. 307 - 313.

Ulmer, Peter: Der Begriff ‚Leistungswettbewerb‘ und seine Bedeutung für die Anwendung von GWB- und UWG-Tatbeständen, in: GRUR 1977, S. 565 - 580.

Veltins, Michael A.: Beurteilung von Strukturkrisen- und Rationalisierungskartellen, in: DB 1978, S. 969 - 971.

Verstyl, Ute: Zur Vereinbarkeit von Wettbewerbsregeln zum Zwecke leistungsgerechten Wettbewerbs mit den rechtspolitischen Grundlagen des geltenden Kartellrechts, Kiel, 1973.

Weyhenmeyer, Hans: Vor- und Nachteile eines allgemeinen Diskriminierungsverbotes, in: Für und Wider ein allgemeines Diskriminierungsverbot, FIW-Schriftenreihe, Heft 74, Köln—Berlin—Bonn—München, 1976, S. 45 - 59.

Wiese, Leopold v.: Konkurrenz, in: HdStW, Band 5, 4. Auflage, Jena, 1923, S. 825 - 833.

FSC
www.fsc.org
MIX
Papier | Fördert
gute Waldnutzung
FSC® C083411

Kolibri 360 GmbH
Ferdinand-Jühlke-Straße 7
99095 Erfurt, Deutschland
produktsicherheit@kolibri360.de

Druck:
CPI Druckdienstleistungen GmbH
im Auftrag der
Kolibri 360 GmbH
Ferdinand-Jühlke-Str. 7
99095 Erfurt